普通高等教育"十三五"规划教材

数值逼近
SHU ZHI BI JIN

主　编　王晓峰　王军涛
副主编　王　波

河南大学出版社
HENAN UNIVERSITY PRESS
·郑州·

图书在版编目(CIP)数据

数值逼近/王晓峰,王军涛主编.—郑州:河南大学出版社,2017.12(2019.1重印)
ISBN 978-7-5649-3174-2

Ⅰ.①数… Ⅱ.①王…②王… Ⅲ.①数值逼近 Ⅳ.①O174.41

中国版本图书馆 CIP 数据核字(2017)第323063号

责任编辑　张雪彩
责任校对　林方丽
装帧设计　郭　灿

出版发行　河南大学出版社
　　　　　地址:郑州市郑东新区商务外环中华大厦2401号　　邮编:450046
　　　　　电话:0371-86059701(营销部)　　网址:www.hupress.com
排　　版　河南金河印务有限公司
印　　刷　北京虎彩文化传播有限公司
版　　次　2018年2月第1版
印　　次　2019年1月第2次印刷
开　　本　787mm×1092mm　1/16
印　　张　9.5
字　　数　225千字
定　　价　25.00元

(本书如有印装质量问题,请与河南大学出版社营销部联系调换)

前　言

近年来,计算机科学与技术和计算数学学科都有了飞速的发展.现在,科学计算已成为当今科学研究的三大基本手段之一,而数值逼近是科学计算的核心,是信息与计算科学专业必修的一门学科基础课,主要讲述数值逼近的理论和各种数值逼近方法,通过对这门课程的学习,学生能够掌握数值逼近的概念、理论、方法,熟悉一种实际应用的科学计算平台,利用计算机求解一些简单的实际应用中的逼近问题,同时为进一步学习其他的专业课程打下坚实的基础.

数值逼近内容包括数值运算与误差、Lagrange 插值和 Newton 插值、平方逼近、数值积分、数值微分和非线性方程的求解以及函数方程求根等.在本课程的教学过程中,要结合信息与计算科学专业对学生编程能力的要求,重视学生的计算机编程能力,一方面使学生通过本课程的学习能够提高计算机数值编程的水平,另一方面使学生可以通过本课程的学习去理解数值逼近的理论、算法在实际计算时的表现及效果,从而在学习中获得成就感,提高学习兴趣.

数值逼近是信息与计算科学专业课程,是所有其他专业课程的基础.本书是按照数值逼近课程教学大纲编写而成,教学内容与要求如下:掌握绝对误差与相对误差的概念,掌握有效数字与可靠数字的概念,了解误差的来源,掌握如何避免误差的传播,掌握多项式插值的 Lagrange 插值和 Newton 插值与反插值法,掌握等距节点插值和差分,并会利用等距节点构造插值多项式,掌握重节点差商与 Hermite 插值,理解多项式插值的 Runge 现象,掌握三次样条插值的方法,掌握 $C[a,b]$ 上的最佳一致逼近及 Chebyshev 多项式的特征,掌握内积空间上的最佳平方逼近和 $L[a,b]$ 中的最佳平方逼近,掌握曲线拟合的最小二乘法,掌握 $L[a,b]$ 上的正交多项式的性质以及常用的正交多项式,掌握 Newton-Cotes 积分公式的推导、误差分析及数值稳定性,了解提高求积公式精度的方法,掌握复化公式以及复化梯形公式,掌握复化 Simpson 公式及复化 Cotes 公式,掌握 Romberg 算法以及 Gauss 型求积公式的具体构造方法,掌握非线性方程求根的二分法、一般迭代法和牛顿迭代法,掌握非线性方程求根的简化牛顿法及弦截法,掌握常用公式的 Matlab 编程.

信息与计算科学专业的数值逼近课,常安排在二年级下学期或者三年级上学期,学生学习本书不仅要求具有数学分析、高等代数的基础知识,还要初步掌握常微分方程的知识,有高等数学或微积分基础知识的学生也能学好.全书共分 6 章,对于信息与计算科学专业的本科生,讲授时间为一个学期,每周 4 学时,总共约 64 学时,其中理论讲授 48 学时,上机实践 16 学时,书后附有上机练习题和 Matlab 算法初步,教师可根据学生实际,选择适当内容安排教学.

本书是作者在多年讲授数值逼近课程讲义的基础上整理而成,其中第 1 章至第 3 章由河南科技学院王晓峰博士编写,第 4 章至第 5 章由河南科技学院王军涛老师编写,第 6 章以及附录 A、附录 B 由三门峡职业技术学院王波老师编写,另外王波还对整本书涉及的程序进行了验证与校对,本书由王晓峰博士统一定稿.

本书的编写得到了河南省高等学校青年骨干教师资助计划项目(2014GGJS-102)和国家自然科学基金 NSFC-河南人才培养联合基金(U1304106)的资助,本书的出版得到了河南科技学院和三门峡职业技术学院以及河南大学出版社的大力支持,在此深表感谢.

由于编者水平有限,本书错误和不妥之处在所难免,希望读者和同行们批评指正.

编 者

2017 年 10 月

目　录

第1章　绪论 ………………………………………………………………………… (1)
　§1.1　数值逼近概述 …………………………………………………………… (1)
　　1.1.1　数值逼近简介 ……………………………………………………… (1)
　　1.1.2　数值分析内容及特点 ……………………………………………… (2)
　　1.1.3　截断与四舍五入 …………………………………………………… (2)
　§1.2　应用举例 ………………………………………………………………… (3)
　§1.3　Weierstrass 定理 ………………………………………………………… (4)
　　1.3.1　第一定理 …………………………………………………………… (4)
　　1.3.2　第二定理 …………………………………………………………… (5)
　练习题 1 ………………………………………………………………………… (5)

第2章　误差和有效数字 …………………………………………………………… (7)
　§2.1　绝对误差和相对误差 …………………………………………………… (7)
　　2.1.1　绝对误差 …………………………………………………………… (7)
　　2.1.2　相对误差 …………………………………………………………… (8)
　§2.2　有效数字 ………………………………………………………………… (9)
　　2.2.1　有效数字的提出 …………………………………………………… (9)
　　2.2.2　有效数字与绝对误差、相对误差的关系 ………………………… (10)
　§2.3　误差 ……………………………………………………………………… (11)
　　2.3.1　误差的来源 ………………………………………………………… (11)
　　2.3.2　数值运算的误差估计 ……………………………………………… (12)
　　2.3.3　数值算法设计的若干原则 ………………………………………… (13)
　练习题 2 ………………………………………………………………………… (15)

第3章　插值方法 …………………………………………………………………… (17)
　§3.1　多项式插值 ……………………………………………………………… (17)
　　3.1.1　插值问题的提出 …………………………………………………… (17)
　　3.1.2　多项式插值解的唯一性 …………………………………………… (18)
　§3.2　Lagrange 插值 …………………………………………………………… (18)

3.2.1 线性插值 …………………………………………………………… (18)
3.2.2 抛物线插值 ………………………………………………………… (19)
3.2.3 Lagrange 插值多项式 …………………………………………… (20)
§3.3 差商与 Newton 插值多项式 ……………………………………………… (21)
3.3.1 差商 …………………………………………………………………… (21)
3.3.2 Newton 插值多项式 ………………………………………………… (22)
§3.4 插值多项式余项 …………………………………………………………… (24)
3.4.1 Lagrange 插值余项 ………………………………………………… (24)
3.4.2 Newton 插值余项 …………………………………………………… (26)
3.4.3 反插值 ………………………………………………………………… (27)
§3.5 有限差分计算 ……………………………………………………………… (28)
3.5.1 向前差分 ……………………………………………………………… (28)
3.5.2 差商、差分和导数的关系 …………………………………………… (29)
3.5.3 向后差分与中心差分 ………………………………………………… (30)
§3.6 等距节点上的插值公式 …………………………………………………… (31)
3.6.1 Newton 向前插值多项式 …………………………………………… (31)
3.6.2 Newton 向后插值多项式 …………………………………………… (32)
§3.7 Hermite 插值多项式 ……………………………………………………… (33)
3.7.1 重节点差商 …………………………………………………………… (33)
3.7.2 Hermite 插值 ………………………………………………………… (34)
3.7.3 Newton 形式的 Hermite 插值多项式 ……………………………… (37)
3.7.4 两个典型的 Hermite 插值 ………………………………………… (38)
§3.8 分段低次插值 ……………………………………………………………… (39)
3.8.1 多项式插值的 Runge 现象 ………………………………………… (39)
3.8.2 分段线性插值 ………………………………………………………… (40)
3.8.3 分段三次 Hermite 插值 …………………………………………… (42)
§3.9 三次 Spline 插值 ………………………………………………………… (43)
3.9.1 三次 Spline 插值问题的提法及常见边界条件 …………………… (43)
3.9.2 三次 Spline 插值函数的求法 ……………………………………… (44)

练习题 3 …………………………………………………………………………… (49)

第 4 章 平方逼近 ………………………………………………………………… (51)
§4.1 最小二乘法 ………………………………………………………………… (51)
4.1.1 数据的最小二乘拟合 ………………………………………………… (51)

  4.1.2 法方程组 ……………………………………………………… (53)
  4.1.3 内积形式的法方程组 ………………………………………… (56)
  4.1.4 超定、欠定、适定方程组 …………………………………… (57)
 §4.2 非线性数据拟合 ……………………………………………………… (58)
  4.2.1 问题的提出 …………………………………………………… (58)
  4.2.2 范数 …………………………………………………………… (60)
  4.2.3 内积空间及函数的范数 ……………………………………… (62)
 §4.3 函数的最佳平方逼近 ………………………………………………… (63)
  4.3.1 最佳平方逼近函数 …………………………………………… (63)
  4.3.2 函数组的线性相关性 ………………………………………… (64)
 §4.4 正交多项式 …………………………………………………………… (66)
  4.4.1 正交多项式的概念及计算 …………………………………… (66)
  4.4.2 常用的正交多项式 …………………………………………… (67)
  4.4.3 用正交函数组作最佳平方逼近 ……………………………… (71)
 练习题 4 ……………………………………………………………………… (74)

第 5 章 数值积分和数值微分 …………………………………………… (76)

 §5.1 引言 …………………………………………………………………… (76)
  5.1.1 数值积分的基本思想 ………………………………………… (76)
  5.1.2 代数精度 ……………………………………………………… (77)
  5.1.3 插值型求积公式 ……………………………………………… (78)
 §5.2 Newton – Cotes 公式 ………………………………………………… (79)
  5.2.1 几种低阶求积公式 …………………………………………… (79)
  5.2.2 Newton – Cotes 公式 ………………………………………… (82)
 §5.3 复化求积公式 ………………………………………………………… (84)
  5.3.1 复化梯形公式 ………………………………………………… (84)
  5.3.2 复化 Simpson 公式 …………………………………………… (85)
  5.3.3 复化 Cotes 公式 ……………………………………………… (86)
 §5.4 Romberg 积分法 ……………………………………………………… (87)
  5.4.1 Richardson 外推算法 ………………………………………… (87)
  5.4.2 Romberg 算法 ………………………………………………… (88)
 §5.5 Gauss 型求积公式 …………………………………………………… (89)
  5.5.1 最高阶代数精度求积公式 …………………………………… (89)
  5.5.2 几个常用的 Gauss 型求积公式 ……………………………… (91)

5.5.3　Gauss – Legendre 求积公式 ……………………………………… (92)
　　5.5.4　Gauss 公式的稳定性 ……………………………………………… (94)
§5.6　数值微分 ……………………………………………………………………… (94)
　　5.6.1　数值微分的概念 …………………………………………………… (94)
　　5.6.2　插值型求导公式 …………………………………………………… (95)
练习题 5 …………………………………………………………………………………… (97)

第 6 章　函数方程求根 …………………………………………………………………… (99)

§6.1　二分法 ………………………………………………………………………… (99)
　　6.1.1　问题的提出 …………………………………………………………… (99)
　　6.1.2　二分法 ………………………………………………………………… (100)
§6.2　不动点迭代 …………………………………………………………………… (101)
　　6.2.1　不动点和不动点迭代法 ……………………………………………… (101)
　　6.2.2　不动点的存在性与迭代法的收敛性 ………………………………… (102)
　　6.2.3　收敛速度 ……………………………………………………………… (104)
§6.3　Newton 迭代法 ……………………………………………………………… (105)
　　6.3.1　Newton 迭代法的基本思想 ………………………………………… (105)
　　6.3.2　Newton 迭代法的收敛速度 ………………………………………… (106)
§6.4　弦截法和重根的计算 ………………………………………………………… (106)
　　6.4.1　弦截法 ………………………………………………………………… (106)
　　6.4.2　重根情况下改进 Newton 法 ………………………………………… (107)
练习题 6 …………………………………………………………………………………… (108)

附录A　实验指导 …………………………………………………………………………… (109)

A.1　引言 …………………………………………………………………………… (109)
A.2　Lagrange 插值 ………………………………………………………………… (109)
A.3　Newton 插值 …………………………………………………………………… (110)
A.4　Newton 等距插值 ……………………………………………………………… (111)
A.5　Runge 现象 ……………………………………………………………………… (111)
A.6　Newton 向后插值 ……………………………………………………………… (112)
A.7　对数拟合 ……………………………………………………………………… (113)
A.8　复化积分公式 ………………………………………………………………… (113)
A.9　逐步搜索法 …………………………………………………………………… (114)
A.10　二分法 ………………………………………………………………………… (115)
A.11　不动点迭代 …………………………………………………………………… (115)

A.12　割线法 ……………………………………………………………（116）
　　数值实验练习题 ………………………………………………………（116）
附录B　Matlab算法初步 ……………………………………………………（118）
　　B.1　Matlab简介 ………………………………………………………（118）
　　B.2　Matlab基本用法 …………………………………………………（118）
　　B.3　矩阵基本操作 ……………………………………………………（123）
　　B.4　Matlab绘图 ………………………………………………………（130）
　　B.5　流程控制 …………………………………………………………（136）
参考文献 …………………………………………………………………………（140）

第1章 绪论

§1.1 数值逼近概述

1.1.1 数值逼近简介

数值分析是对各种数学问题通过数值运算得到数值解答的理论和方法,因为研究的是数学问题,所用的是数学方法,因此也称为**数值数学**. 数值分析是总称,对一个数学问题通过数值运算得到数值解答的方法,称为**数值方法**,如果这数值方法可以在计算机上实现,就称为**数值算法**.

虽然数值分析也是以数学问题为研究对象,但它不像纯数学那样只研究数学本身的理论,而是把理论与计算紧密结合,着重研究数学问题的数值方法及其理论. 数值分析不是各种数值方法的简单罗列和堆积,而是一门内容丰富、研究方法深刻、有自身理论体系的课程. 数值分析既有纯数学的高度抽象性与严密科学性的特点,又有应用数学的广泛性与实际试验高度技术性的特点,是一门与计算机使用密切结合的应用性很强的数学课程.

数值逼近,即各种逼近问题的数值分析,包括插值、最佳一致逼近、最佳平方逼近、数值积分与微分、线性或非线性方程组求解等内容.

实际模型的求解思路如下:

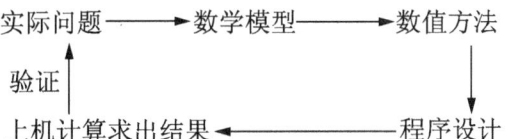

例 1 利用 Cramer 法则求解一个 n 阶方程组,要计算 $n+1$ 个 n 阶行列式,总共需要做 $A_n = n!(n-1)(n+1)$ 次乘法. 当 $n=20$ 时,$A_{20} \approx 10^{21}$,假定用每秒运算 10 亿(10^9)次的计算机去做,每年只能完成 $365 \times 24 \times 3600 \times 10^9 \approx 3.15 \times 10^{16}$ 次,故所用计算时间为 $10^{21} \div (3.15 \times 10^{16}) \approx 3.2 \times 10^4$ 年,即大约 32000 年完成.

1.1.2 数值分析内容及特点

数值分析包含如下基本内容：①数值逼近，主要研究函数插值法、函数逼近与曲线拟合、数值积分、数值微分等问题；②数值代数，主要研究线性代数问题、特征值问题以及非线性方程及方程组的数值解法；③微分方程数值解，主要研究常(偏)微分方程的数值求解问题.

数值分析具有如下特点：①面向计算机，能根据计算机特点提供切实可行的有效算法，即算法只能由计算机可执行的加减乘除四则运算和各种逻辑运算组成. ②可靠的理论分析，数值分析中的算法理论主要是连续系统的离散化及离散型方程数值求解. 相关基本概念包括误差、稳定性、收敛性、计算量、存储量等，这些概念用来刻画计算方法的可靠性、准确性、效率以及使用的方便性. ③良好的计算复杂性，时间复杂性好是指节省时间，空间复杂性好是指节省存储量，这也是建立算法要研究的问题，它关系到算法能否在计算机上实现. 对很多数值问题使用不同算法，其计算复杂性将会大不一样. 例如，例 1 中若对 20 阶的线性方程组用代数中的 Cramer 法则作为算法求解，其乘除法运算次数需要 $A_{20} \approx 10^{21}$ 次，若用每秒运算 10 亿次的计算机计算也要 3 万年，这是无法实现的，而用数值分析中介绍的 Gauss 消去法求解，其乘除法运算次数只需 3060 次，这说明选择算法的重要性. ④数值实验，通过数值实验验证算法的有效性.

1.1.3 截断与四舍五入

定义 1.1 将超过规定位数的部分无条件去掉，这种方法叫作**截断**.

例如，π 取 4 位小数为 3.1415.

再如，若利用公式

$$\ln(1+x) = x - \frac{x^2}{2} + \frac{x^3}{3} - \cdots + (-1)^{n-1}\frac{x^n}{n} + \cdots,$$

取 $x = 1$，可得

$$\ln 2 = 1 - \frac{1}{2} + \frac{1}{3} - \cdots + (-1)^{n-1}\frac{1}{n} + \cdots,$$

若取前 5 项，则有

$$\ln 2 \approx 1 - \frac{1}{2} + \frac{1}{3} - \frac{1}{4} + \frac{1}{5} = 0.783333333333333.$$

若利用公式

$$\ln\frac{1+x}{1-x} = 2\left(x + \frac{x^3}{3} + \frac{x^5}{5} + \cdots\right),$$

取 $x = \frac{1}{3}$，可得

$$\ln 2 = 2\left(\frac{1}{3} + \frac{1}{3}\cdot\frac{1}{3^3} + \frac{1}{5}\cdot\frac{1}{3^5} + \cdots\right),$$

若也取前 5 项,则有

$$\ln 2 \approx 2\left(\frac{1}{3}+\frac{1}{3}\cdot\frac{1}{3^3}+\frac{1}{5}\cdot\frac{1}{3^5}+\frac{1}{7}\cdot\frac{1}{3^7}+\frac{1}{9}\cdot\frac{1}{3^9}\right)=0.69314604739083.$$

而 ln2 的真实值为 ln2 = 0.69314718055995⋯.

定义 1.2 用有限数位表示近似数时,一般遵循四舍五入的原则,假设用 k 表示一个近似数保留下来的小数点后的数位,则

(1) 当小数点后第 $k+1$ 位的数字小于或等于 4 时,舍去小数点后第 $k+1$ 位以后(包括第 $k+1$ 位)的数字.

(2) 当小数点后第 $k+1$ 位的数字大于 5 时,首先让小数点后第 k 位数字加 1,再舍去第 $k+1$ 位以后(包括第 $k+1$ 位)的数字.

(3) 当小数点后第 $k+1$ 位的数字等于 5 时,若小数点后第 k 位的数字为奇数,则按(2)的情形处理,若小数点后第 k 位的数字为偶数,则按(1)的情形处理. 也就是说,当小数点后第 $k+1$ 位数字为 5 时,保留下来的第 k 位小数的数字总是偶数.

例 2 设精确数 $\pi = 3.14159265\cdots$,把它分别表示为具有 3 位、5 位和 7 位小数的近似数.

解 表示为具有 3 位、5 位和 7 位小数的近似数分别为 3.142, 3.14159 和 3.1415926.

例 3 考虑 $\sqrt{2}\pi$ 的数值运算,取 5 位数字进行运算,按四舍五入规则 $\sqrt{2}$ 取 5 位数字为 $\sqrt{2} \approx 1.4142$,π 取 5 位数字为 $\pi \approx 3.1416$,则 $\sqrt{2}\pi = 1.4142 \times 3.1416 = 4.44285072$ 是 9 位数字. 若结果也限制为 5 位数字,按四舍五入的规则,则要处理为 4.4428,它就是 $\sqrt{2}\pi$ 数值计算的结果. 这样做计算结果会失真,但是也与真实值非常接近. 实际上, $\sqrt{2}\pi = 4.442882938\cdots$ 与 4.4428 是非常接近的,这就是数值分析的特点,又失真,又接近,而我们要追求的目标是少失真、多接近.

§1.2 应用举例

因为有限位运算会带来失真的问题,因此原来数学上的一些性质、结论在利用计算机计算时,在有限位运算的前提下,结果就有可能不一致.

例 4 当函数 $f(x)$ 可导时,有

$$\lim_{h \to 0}[f(x+h)-f(x)]/h = f'(x),$$

也即当 h 取充分小的正数时,函数 $[f(x+h)-f(x)]/h$ 很接近于 $f'(x)$. 令 $f(x) = e^x$,取 $x=1$ 时,有下列式子成立:

$$f'(1) = \lim_{h \to 0}[f(1+h)-f(1)]/h = e = 2.71828\cdots.$$

取函数

$$g(h) = [f(1+h)-f(1)]/h,$$

则 $g(h)$ 是 h 的单调递增函数,也即 h 越小,$g(h)$ 越接近 e. 取 $h = 1, 10^{-1}, 10^{-2}, \cdots, 10^{-15}$

→0,试求出其各自对应的 $g(h)$,观察其规律.

解 取 16 位数字在计算机上计算,结果显示当 $h=10^{-8}$ 时较好,当 h 更小时,越来越差,算法设计如下:

```
for k = 0: -1: -15
    h = 10^k;
    g = (exp(1+h) - exp(1))/h;
    error = exp(1) - g
end
```

例 5 下面三个式子:

$$A = \frac{1-\cos x}{x^2}, \quad B = \frac{(\sin x/x)^2}{1+\cos x}, \quad C = 2\left[\frac{\sin(x/2)}{x}\right]^2,$$

数学上容易验证它们是恒等的,即对不同的 x,A,B,C 的值大小相同,但是在数值运算下它们却不完全相同,试分别取 $x = 0.2, 0.02, 0.002, 0.0002, 0.00002$,观察 A,B,C 各自的数值.

解 虽然理论上有 $A = B = C$,但是在 Matlab 中的运算结果表明,数值结果不尽相同. 比如,当 $x = 0.00002$ 时,有 $A = 0.50000004137019$,$B = C = 0.49999999998333$.

例 6 给定 $g(x) = 10^7(1-\cos x)$,试用 4 位数字计算 $g(2°)$ 的近似值.

解 (1) 由于 $\cos 2° = 0.9994$,故 $g(2°) = 10^7(1-\cos 2°) = 10^7(1-0.9994) = 6000$;

(2) 由于 $g(x) = 10^7(1-\cos x) = 2 \times 10^7 \sin^2\left(\frac{x}{2}\right)$,$\sin 1° = 0.0175$,故有

$$g(2°) = 2 \times 10^7 \sin^2 1° \approx 2 \times 10^7 \times 0.0175^2 = 6125.$$

§1.3 Weierstrass 定理

1.3.1 第一定理

在实变函数和数学分析中,最重要的函数类是连续函数类 $C[a,b]$ 与连续的周期函数类 $C_{2\pi}$.

$C[a,b]$ 是定义在某一闭区间 $[a,b]$ 上的一切连续函数所成的集合,$C_{2\pi}$ 是定义在整个实轴 $(-\infty, +\infty)$ 上的以 2π 为周期的连续函数所成的集合.

定理 1.1(Weierstrass 第一定理) 设 $f(x) \in C[a,b]$,那么对于任意给定的 $\varepsilon > 0$,都存在多项式 $P(x)$,使得

$$\max_{a \leq x \leq b} |P(x) - f(x)| < \varepsilon. \tag{1.1}$$

1.3.2 第二定理

周期连续函数(不妨假定周期为 2π)的最简单逼近函数为如下三角多项式函数:

$$T(x) = A + \sum_{k=1}^{n}(a_k \cos kx + b_k \sin kx), \tag{1.2}$$

若系数 a_k 和 b_k 不全为 0,则称 $T(x)$ 为 n 阶三角多项式. 相应于 Weierstrass 第一定理,有如下的 Weierstrass 第二定理.

定理 1.2(Weierstrass 第二定理) 设 $f(x) \in C_{2\pi}$,则对任意给定的 $\varepsilon > 0$,都有三角多项式 $T(x)$ 存在,使得

$$\max_{-\pi \leq x \leq \pi}|f(x) - T(x)| < \varepsilon. \tag{1.3}$$

练 习 题 1

1. 已知函数 $f(x) = \begin{cases} \cos x, & x < 0, \\ \sin x, & 0 \leq x < 1, \\ \ln x, & x \geq 1, \end{cases}$ 编程计算 $f(-2.5)$,$f(0.8)$ 和 $f(2.8)$ 的值.

2. 绘制函数 $f(x,y) = \dfrac{\sin(\sqrt{x^2+y^2})}{\sqrt{x^2+y^2}}$ 在区域 $[-18,18] \times [-18,18]$ 上的三维图形.

3. 输入一个正整数 n,计算所有被 3 整除且小于 n 的正整数个数.

4. 绘制由参变量函数表示的空间曲线 $\begin{cases} x = \mathrm{e}^{-0.2t}\cos\dfrac{\pi}{2}t, \\ y = \mathrm{e}^{-0.2t}\sin\dfrac{\pi}{2}t, \\ z = \sqrt{t} \end{cases}$ $(0 \leq t \leq 20)$ 的图形.

5. 设 $\boldsymbol{A} = \begin{bmatrix} 1 & 2 & 3 \\ 4 & 5 & 6 \\ 1 & 0 & 1 \end{bmatrix}$, $\boldsymbol{B} = \begin{bmatrix} -1 & 2 & 0 \\ 1 & 1 & 3 \\ 2 & 1 & 1 \end{bmatrix}$,计算 $\boldsymbol{A}+\boldsymbol{B}$,$\boldsymbol{AB}$,$|\boldsymbol{A}|$ 和 $\boldsymbol{A}^{-1}$ 的值.

6. 求下列方程组的解.

(1) $\begin{bmatrix} 1 & 2 & 1 \\ 4 & 2 & -6 \\ -1 & 0 & 2 \end{bmatrix} \boldsymbol{X} = \begin{bmatrix} 2 \\ 3 \\ 4 \end{bmatrix}$; (2) $\boldsymbol{X}\begin{bmatrix} 1 & 2 & 1 \\ 4 & 2 & -6 \\ -1 & 0 & 2 \end{bmatrix} = \begin{bmatrix} 1 & 2 & 3 \\ 1 & 1 & 1 \end{bmatrix}$.

7. 计算 $\dfrac{\sin(|x|+y)}{\sqrt{\cos(|x+y|)}}$,其中 $x = -4.5°$,$y = 7.6°$.

8. 计算下列积分.

(1) $\int \dfrac{xy}{1+x^2}\mathrm{d}x$;
(2) $\int_0^t \dfrac{xy}{1+x^2}\mathrm{d}x$;

(3) $\int_0^1 \mathrm{d}x \int_0^{\sqrt{x}} \dfrac{xy}{1+x^2}\mathrm{d}y$;
(4) $\int_0^1 \mathrm{d}x \int_0^{1-x} \mathrm{d}y \int_0^{1-x-y} (x+y+z)\mathrm{d}z$.

9. 输入一个正整数 n, 计算 $n! = n(n-1)(n-2)\cdots 1$.

10. 计算下列极限.

(1) $\lim\limits_{x\to 0} \dfrac{\sin x - x\cos x}{x^2 \sin x}$;
(2) $\lim\limits_{x\to \infty} \dfrac{2017x - \sin(2017x)}{x^3}$.

11. 已知 $y = \mathrm{e}^x \cos mx$, 求 $y^{(8)}$.

12. 给出 $\sqrt{\pi + x}$ 在 $x = 0$ 处的 Taylor 展式 (最高次幂为 3 即可).

13. Fibonacci 数列 $\{x_n\}$ 的定义是 $x_1 = 1, x_2 = 1, x_k = x_{k-1} + x_{k-2}, k = 3, 4, \cdots$, 用循环语句编程给出该数列的前 10 项.

14. 设三角形的三边长为 $a = 4, b = 3, c = 2$, 求此三角形的面积 S.

15. 求 $\sum\limits_{n=1}^{\infty} \dfrac{1}{4n^2 + 8n + 3}$ 的值.

第 2 章 误差和有效数字

§2.1 绝对误差和相对误差

2.1.1 绝对误差

定义 2.1 给定一个实数 A,它的近似值为 A^*,$A-A^*$ 反映了近似值和精确值差异的大小,称 $\eta = A - A^*$ 为 A 取近似值 A^* 时的**绝对误差**,简称**误差**.

由于精确值 A 无法知道,因此近似数 A^* 的绝对误差也无法得到,通常给出 η 绝对值的一个上限,即如果存在一个正数 e,使得 $|\eta| \le e$,那么称 e 为 A^* 的**绝对误差限**(或**误差限**),此时有 $A - e \le A^* \le A + e$,通常实数 A 可记为 $A = A^* \pm e$.

例如,$\pi = 3.1415926535897\cdots$ 按四舍五入取 2 位小数和 4 位小数时,分别为 $\pi \approx 3.14$ 和 $\pi \approx 3.1416$,则各自的绝对误差分别为 $|\pi - 3.14| = 0.0015926\cdots \le \frac{1}{2} \times 10^{-2}$ 和 $|\pi - 3.1416| \le \frac{1}{2} \times 10^{-4}$.

定理 2.1 若 A 的近似值 A^* 是 A 按四舍五入得到的,则 A^* 的绝对误差不超过 A^* 末位数的半个单位,即

$$|A - A^*| \le \frac{1}{2}\alpha, \quad \alpha \text{ 为 } A^* \text{ 末位单位}. \tag{2.1}$$

例 1 求 $x = \sqrt{3}$ 的近似值,使其绝对误差限精确到 $\frac{1}{2} \times 10^{-1}$,$\frac{1}{2} \times 10^{-2}$ 和 $\frac{1}{2} \times 10^{-3}$.

解 由定理 2.1 知道,$x = \sqrt{3}$ 的近似值是按照四舍五入得到的,即要求分别取 1 位、2 位和 3 位小数,故而 $x_1^* = 1.7, x_2^* = 1.73$ 和 $x_3^* = 1.732$.

例 2 用毫米刻度的米尺测量一长度 x,读出和该长度接近的刻度 x^*,x^* 是 x 的近似值,它的误差限为 0.5 mm,于是绝对误差为 $|x - x^*| \le 0.5$ mm,若读出的数是 765 mm,则有 $|x - 765| \le 0.5$ mm,虽然从这个不等式中不能知道准确的 x 是多少,但是可以确定 $764.5 \le x \le 765.5$,说明 x 在区间 $[764.5, 765.5]$ 内.

从以上例子可以看出,绝对误差限不是唯一的,但越小越好,同时,绝对误差限的大小

并不能完全表示近似值的好坏,也就是说,绝对误差不能精确刻画一个近似值的精确程度. 例如,测量一段路程,其长度为 1000 km,误差为 20 m;另外,测量一条 400 m 的跑道,也有 20 m 的误差.虽然两次测量误差相同,但显然后者的精确度差多了.

2.1.2 相对误差

定义 2.2 称 $r = \dfrac{\eta}{A} = \dfrac{A - A^*}{A}$ 为 A 取近似值 A^* 时的相对误差,由于 A 未知,故相对误差通常采用 $r = \dfrac{A - A^*}{A^*}$ 计算,若 $|r| \leq R$,则称 R 为**相对误差限**.

例 3 若 $|A - A^*| \leq 20$ m,则测量 1000 km 时相对误差 $|r| \leq \dfrac{20}{1000 \times 10^3} = 2 \times 10^{-5}$,测量 400 m 时相对误差 $|r| \leq \dfrac{20}{400} = 5 \times 10^{-2}$,可见前者比后者精确.

例 4 设 $A^* = 4.32$ 是由精确值 A 经过四舍五入得到的近似值,求 A^* 的绝对误差限和相对误差限.

解 由于 $4.315 \leq A < 4.325$,所以有 $-0.005 \leq A - A^* < 0.005$(或 $|A - A^*| < \dfrac{1}{2} \times 10^{-2}$),所以绝对误差限为 $\eta = \dfrac{1}{2} \times 10^{-2}$,相对误差限 $R = \dfrac{1}{2} \times 10^{-2} \div 4.32 \approx 0.12\%$.

例 5 考虑下表中真实值 A 用 A^* 近似所产生的绝对误差和相对误差.

A	A^*	$|A - A^*|$	$|A - A^*|/|A^*|$
0.3100×10^1	0.3000×10^1	0.1	0.3333×10^{-1}
0.3100×10^{-3}	0.3000×10^{-3}	0.1×10^{-4}	0.3333×10^{-1}
0.3100×10^4	0.3000×10^4	0.1×10^3	0.3333×10^{-1}

解 从表中可以看出,虽然绝对误差有较大变化,但是相对误差不变,说明作为近似值精确性的度量,绝对误差可能引起误解,而相对误差由于考虑了近似值的大小而更有意义.

例 6 设 $x_1 = 1.234$ 和 $x_2 = 0.002$ 的近似值分别为 $x_1^* = 1.233$ 和 $x_2^* = 0.001$,估计近似数 x_1^* 和 x_2^* 的绝对误差及相对误差.

解 显然 $|\eta(x_1)| = |x_1^* - x_1| = 10^{-3}$,$|\eta(x_2)| = |x_2^* - x_2| = 10^{-3}$,这两个近似数绝对误差都是 10^{-3},但 x_1^* 是 x_1 一个较好的近似值,而 x_2 本身就很小,x_2^* 的绝对误差较小不能说明 x_2^* 是 x_2 的一个较好的近似值,两数的相对误差分别为 $|r(x_1)| = \dfrac{10^{-3}}{1.234} \approx 8.1 \times 10^{-4} = 0.81\%$ 和 $|r(x_2)| = \dfrac{10^{-3}}{0.002} = 0.5 = 50\%$.

近似数的相对误差是近似数精确度的基本度量,一个近似数的相对误差越小,说明近似数越精确. 相对误差是个无名数,它没有量纲,相对误差限 R 是未知的,但可以确定,同样要求越小越好.

§2.2 有 效 数 字

2.2.1 有效数字的提出

当精确值 x 有很多位数时,常按四舍五入的原则取其前几位数字作为近似值. 例如, $\pi = 3.1415926\cdots$,若取 $\pi^* = 3.14$ 或取 $\pi^* = 3.1416$,则它们分别具有的误差为 $|\pi - \pi^*| = 0.0015926\cdots < 0.005$ 及 $|\pi - \pi^*| = 0.0000074\cdots < 0.00005$,误差限分别为 $\frac{1}{2} \times 10^{-2}$ 及 $\frac{1}{2} \times 10^{-4}$,由此我们给出以下定义:

定义 2.3 设 A^* 为 A 的近似值,若 A^* 的绝对误差限是它的某一数位的半个单位,并且从 A^* 左边第一个**非零数字**到该数位共有 n 位,则称这 n 个数字为 A^* 的**有效数字**,也称 A^* 近似 A 时具有 n 位**有效数字**.

例 7 已知下列近似数 $a = 24.1357, b = -0.250$ 和 $c = 0.00016$ 的绝对误差限都是 0.0005,问:它们有几位有效数字?

解 由于 $0.0005 = 0.5 \times 10^{-3}$ 是小数点后第三数位的半个单位,故 a 有 5 位有效数字,b 有 3 位有效数字,c 没有有效数字.

一般地,任何一个实数 A 经过四舍五入得到的近似值 A^* 都可以写成如下形式:$A^* = \pm 0.a_1 a_2 \cdots a_n \times 10^m$,其中 m 为整数,a_1 是 1 到 9 中的某个数字,$a_2, \cdots, a_n$ 是 0 到 9 中的某些数字,当其绝对误差限满足 $|A - A^*| \leq \frac{1}{2} \times 10^{m-l} (1 \leq l \leq n)$ 时,称近似值 A^* 具有 l 位有效数字.

例如,用 $x^* = 1.41421$ 作为 $\sqrt{2}$ 的近似值,可以把近似值 x^* 写成 $x^* = 0.141421 \times 10^1$,且 $|x - x^*| = |\sqrt{2} - 1.41421| = 0.0000036 \leq 0.000005 = \frac{1}{2} \times 10^{1-6} = \frac{1}{2} \times 10^{-5}$,因此 $x^* = 1.41421$ 作为 $\sqrt{2}$ 的近似值有 6 位有效数字. 同理,π 的近似值 3.1416 具有 5 位有效数字,因为 $3.1416 = 0.31416 \times 10^1, m = 1, n = 5, |\pi - 3.1416| = 0.0000073465 < \frac{1}{2} \times 10^{1-5}$.

例 8 假定 $a = 5.3001, b = 5.3002, c = 5.3, d = 5.30, e = 5.300$ 均为 5.300186 的近似值,试确定它们各自有几位有效数字.

解 由于 $5.3001 = 0.53001 \times 10^1, m = 1, n = 5, 1 \leq l \leq 5$,故而

(1) $|a - 5.300186| = 0.000086 = 0.086 \times 10^{-3} < 0.5 \times 10^{-3} = 0.5 \times 10^{1-4}$;

(2) $|b - 5.300186| = 0.000014 = 0.14 \times 10^{-4} < 0.5 \times 10^{-4} = 0.5 \times 10^{1-5}$;

(3) $|c - 5.300186| = 0.000186 = 0.00186 \times 10^{-1} < 0.5 \times 10^{-1} = 0.5 \times 10^{1-2}$;

(4) $|d - 5.300186| = 0.000186 = 0.0186 \times 10^{-2} < 0.5 \times 10^{-2} = 0.5 \times 10^{1-3}$;

(5) $|e - 5.300186| = 0.000186 = 0.186 \times 10^{-3} < 0.5 \times 10^{-3} = 0.5 \times 10^{1-4}$.

综上可得，有效数字位数分别为 a 有 4 位，b 有 5 位，c 有 2 位，d 有 3 位，e 有 4 位．

2.2.2 有效数字与绝对误差、相对误差的关系

定理 2.2 设实数 A 的近似值 $A^* = \pm 0.a_1 a_2 \cdots a_n \times 10^m$（其中 $a_1 \neq 0$），如果 A^* 具有 n 位有效数字，那么 A^* 的相对误差限为

$$|r| = \frac{|A^* - A|}{|A^*|} \leq \frac{1}{2a_1} \times 10^{-(n-1)} = \frac{5}{a_1} \times 10^{-n}. \tag{2.2}$$

证明 显然有 $0.a_1 \times 10^m \leq |A^*| \leq 0.(a_1+1) \times 10^m$，于是 A^* 的相对误差为

$$|r| = \frac{|A^* - A|}{|A^*|} \leq \frac{\frac{1}{2} \times 10^{m-n}}{0.a_1 \times 10^m} = \frac{0.5 \times 10^{m-n}}{a_1 \times 10^{m-1}} = \frac{1}{2a_1} \times 10^{-(n-1)} = \frac{5}{a_1} \times 10^{-n}.$$

此定理说明 A^* 的有效数字位数越多，相对误差就越小．

定理 2.3 设实数 A 的近似值 $A^* = \pm 0.a_1 a_2 \cdots a_n \times 10^m$（其中 $a_1 \neq 0$），如果 A^* 的相对误差满足

$$|r| = \frac{|A^* - A|}{|A^*|} \leq \frac{1}{2(a_1+1)} \times 10^{-(n-1)} = \frac{5}{a_1+1} \times 10^{-n}, \tag{2.3}$$

那么 A^* 至少具有 n 位有效数字．

证明 由于

$$|A^* - A| = |A^*| \cdot |r| \leq 0.(a_1+1) \times 10^m \times \frac{1}{2(a_1+1)} \times 10^{-(n-1)} = \frac{1}{2} \times 10^{m-n},$$

故 A^* 至少有 n 位有效数字．

此定理说明 A^* 的相对误差限越小，有效数字位数就越多．

推论 2.1 设实数 A 的近似值 $A^* = \pm 0.a_1 a_2 \cdots a_n \times 10^m$（其中 $a_1 \neq 0$），如果 A^* 的相对误差满足 $|r| = \dfrac{|A^* - A|}{|A^*|} \leq \dfrac{1}{2} \times 10^{-n}$，那么 A^* 至少具有 n 位有效数字．

例 9 为使 $\sqrt{70}$ 的近似数的相对误差限小于 0.1%，问：在查开方表时要取几位有效数字？

解 设查开方表时取 n 位有效数字，注意到 $a_1 = 8$，因此要使 $\sqrt{70}$ 的近似数的相对误差限小于 0.1%，只需取 n 满足 $\dfrac{1}{2a_1} \times 10^{-(n-1)} = \dfrac{1}{2 \times 8} \times 10^{-(n-1)} < 0.1\%$，解得 $n > 2.79$，取 $n = 3$，故取 $\sqrt{70} \approx 8.37$ 即可．

例 10 为使 $\sqrt{26}$ 的近似值的相对误差不超过 0.1%，问：应取几位有效数字？

解 $\sqrt{26}$ 的近似解的首位非零数字是 $a_1 = 5$，假设应取 n 位有效数字，则 $|r| \leq \dfrac{5}{5} \times 10^{-n} \leq 0.1\%$，解之得 $n \geq 3$，故取 $n = 3$，也即只要 $\sqrt{26}$ 的近似值具有 3 位有效数字就能保证 $\sqrt{26} \approx 5.10$ 的相对误差小于 0.1%．

例 11 已知近似数 A^* 的相对误差限为 0.0002,问:A^* 至少有几位有效数字?

解 由于 A^* 的首位数未知,但必有 $1 \leq a_1 \leq 9$,故 $|r| \leq \dfrac{5}{a_1+1} \times 10^{-n} = 0.0002$,得 $10^{n-1} = \dfrac{1}{4(a_1+1)} \times 10^4$,从而 $n = 5 - \lg 4 - \lg(a_1+1)$,进一步有 $4 - \lg 4 \leq n \leq 5 - \lg 8$,即 $3.3979 \leq n \leq 4.0969$,故取 $n = 4$ 即可满足.

§2.3 误　　差

2.3.1 误差的来源

误差的来源主要有以下 4 种:

1. 模型误差

由实际问题建立数学模型,要忽略一些次要因素的影响,简化许多条件. 因此,数学模型是由实际问题理想化、简单化得到的,是实际问题的近似,把实际问题的解与数学模型的解之间的误差称为**模型误差**.

例 12 设一根铝棒在温度 t 时刻的实际长度为 $L(t)$,在 $t = 0$ 时的实际长度为 $L(0)$,用 $L^*(t)$ 来表示铝棒在温度 t 时刻的长度计算值,并建立数学模型 $L^*(t) = L(0)(1 + at)$,其中 a 是由实验观测到的常数,则称 $L(t) - L^*(t)$ 为模型误差.

2. 观测误差

数学模型一旦确定,模型中就包含有一些物理量,这些物理量大多都是由观测、测量得到的,因此求解数学模型时总会利用一些观测数据,由于测量仪器精度的限制以及人工干预等多方面的原因,在求解过程中误差是不可避免的,这种误差称为**测量误差**或**观测误差**.

3. 截断误差

用数值计算方法来求数学模型的数值解时,也常遇到一些典型问题,如求一个无穷级数之和,总是用它前面的若干项的和来代替,即截取掉该级数的后一段,由此引入的误差称为**截断误差**.

例如,$\ln(x+1) = x - \dfrac{1}{2}x^2 + \dfrac{1}{3}x^3 - \dfrac{1}{4}x^4 + \cdots + (-1)^{n-1}\dfrac{1}{n}x^n + \cdots$,取其前 5 项来近似计算 $\ln 2$ 为 $\ln 2 \approx 1 - \dfrac{1}{2} + \dfrac{1}{3} - \dfrac{1}{4} + \dfrac{1}{5}$.

4. 舍入误差

对分数如 $\dfrac{1}{3}, \dfrac{1}{7}$ 等有理数或无理数如 $\pi, e, \sqrt{2}$ 等,在计算机上做运算时,因受有效位数的限制产生误差,这样的误差称为**舍入误差**. 如果 A 的近似值 A^* 是由 A 按四舍五入规

则得来的,那么必有 $|A - A^*| \leq \frac{1}{2}\alpha$,其中 α 为 A^* 的末位单位.

2.3.2 数值运算的误差估计

设给定多元函数 $A = f(x_1, x_2, \cdots, x_n)$ 且设 $x_1^*, x_2^*, \cdots, x_n^*$ 分别为 $x_1, x_2, \cdots, x_n$ 的近似值,于是可求 $A = f(x_1, x_2, \cdots, x_n)$ 的近似值 $A^* = f(x_1^*, \cdots, x_n^*)$,下面估计 A^* 的绝对误差及相对误差. 也就是说,由于初始数据 $x_1^*, \cdots, x_n^*$ 有误差,因此引起计算函数值 $f(x_1^*, \cdots, x_n^*)$ 有误差,考察初始误差对计算结果的影响.

1. 函数值 A^* 的绝对误差

考察 $f(x_1, \cdots, x_n)$ 在点 $x = (x_1, \cdots, x_n)^T$ 的 Taylor 展开,且设 $|\eta(x_i)|(i=1,2,\cdots,n)$ 都很小,因而可略去高阶项,于是有

$$A^* - A = f(x_1^*, \cdots, x_n^*) - f(x_1, \cdots, x_n) \approx \sum_{j=1}^{n} \frac{\partial f(x)}{\partial x_j}(x_j^* - x_j), \quad (2.4)$$

或有 $\eta(A) \approx \sum_{j=1}^{n} \frac{\partial f(x)}{\partial x_j}\eta(x_j)$,进一步得 $|\eta(A)| \leq \sum_{j=1}^{n} \left|\frac{\partial f(x)}{\partial x_j}\right| |\eta(x_j)|$.

例 13 要计算 $f = (\sqrt{2} - 1)^6$,取 $\sqrt{2} \approx 1.41$,求 $|\eta(f)|$.

解 $|\eta(f)| \leq 6(1.41-1)^5 |\sqrt{2} - 1.41| = 6 \times 0.41^5 \times \frac{1}{2} \times 10^{-2} = 3.476 \times 10^{-4}$.

2. 函数值 A^* 的相对误差

设 $A \neq 0$ 且 $x_j \neq 0, j = 1, \cdots, n$,则 A^* 的相对误差为

$$r(A) = \frac{\eta(A)}{A} \approx \sum_{j=1}^{n} \frac{x_j}{f(x)} \frac{\partial f(x)}{\partial x_j} r(x_j). \quad (2.5)$$

由于 $\frac{x_j}{f(x)} \frac{\partial f(x)}{\partial x_j}$ 反映了 x_j 的相对误差 $r(x_j)$ 对相对误差 $r(A)$ 影响的程度,故称这些因子为计算问题的**条件数**.

定义 2.4 如果问题的数据 $x_i(i=1,\cdots,n)$ 的微小误差,引起结果 A 有很大误差,那么称这种问题为**病态问题**或**坏条件问题**.

例 14 求解线性方程组 $\begin{cases} x + ay = 1, \\ ax + y = 0. \end{cases}$

解 当 $a = 1$ 时,系数行列式为零,方程组无解,但当 $a \neq 1$ 时解为 $x = \frac{1}{1-a^2}, y = -\frac{a}{1-a^2}$. 当 $a \approx 1$ 时,若输入数据 a 有微小误差,则解的误差很大. 例如,取 $a = 0.99$,则解 $x \approx 50.25$;若 a 有误差 0.001,取 $a^* = 0.991$,则解 $x^* \approx 55.81$,误差 $|x^* - x| \approx 5.56$ 很大,表明此时方程组是病态的. 实际上,由 $x = \frac{1}{1-a^2}$ 是 a 的函数,则条件数 C_p 为 $C_p = \left|\frac{ax'(a)}{x(a)}\right| = \left|\frac{2a^2}{1-a^2}\right|$,当 $a = 0.99$ 时 $C_p \approx 100$,表明条件数很大,故问题是病态的.

3. 初始数据误差与计算结果误差之间的关系

设 $x\neq 0$ 和 $y\neq 0$，则有

(1) $\eta(xy)\approx y\eta(x)+x\eta(y)$，$r(xy)\approx r(x)+r(y)$；

(2) $\eta\left(\dfrac{x}{y}\right)\approx \dfrac{1}{y}\eta(x)-\dfrac{x}{y^2}\eta(y)$，$r\left(\dfrac{x}{y}\right)\approx r(x)-r(y)$；

(3) $\eta(x\pm y)\approx \eta(x)\pm \eta(y)$，$r(x\pm y)\approx \dfrac{\eta(x)\pm \eta(y)}{x\pm y}$，如果 $x\pm y\neq 0$；

(4) $r(\sqrt{x})\approx \dfrac{1}{2}r(x)$，$r(x^n)\approx nr(x)$．

例 15 已测得某场地长 x 的值为 $x^*=110$ m，宽 y 的值为 $y^*=80$ m，已知 $|x-x^*|\leqslant 0.2$ m，$|y-y^*|\leqslant 0.1$ m，试求面积 $S=xy$ 的绝对误差限和相对误差限.

解 因 $S=xy$，$\dfrac{\partial S}{\partial x}=y$，$\dfrac{\partial S}{\partial y}=x$，则有绝对误差限为

$$\eta(S^*)\approx y^*\eta(x^*)+x^*\eta(y^*)=80\times 0.2+110\times 0.1=27(\text{m}^2),$$

相对误差限为

$$r(S^*)=\dfrac{\eta(S^*)}{|S^*|}\approx \dfrac{27}{8800}=0.31\%.$$

2.3.3 数值算法设计的若干原则

如果模型中需做大量的复杂运算，那么从理论上对误差的传播做出定性分析一般具有相当难度. 通常做法是，对模型中的参数取充分多的样本点，每一类样本点取值于按一定规则控制的扰动范围，再按照模型给出的求解方法得到一系列解，并与模型的真解比较，以判断模型的数值稳定性. 以上进行的误差敏感性分析都是建立在模型求解本身的精度相当高的前提之下的，但是在实际问题中，计算过程本身往往会产生新的误差. 误差的大小取决于数值计算的方法，以下是数值计算中需要注意的几个方面.

1. 避免两个相近数相减

当 x 和 y 很接近时，$x-y$ 就会很小，因此相对误差将可能变得很大，这是因为 $r(x-y)\approx \dfrac{\eta(x)-\eta(y)}{x-y}$，分母较小，因此分子的 x 和 y 的误差将要得到放大. 另一方面，两个相近数相减，直接减少了表达式的有效数字位数，这将可能产生新的误差.

例 16 当 $x=5000$ 时，计算 $\sqrt{x+1}-\sqrt{x}$ 的值，若取 4 位有效数字计算，得 $\sqrt{x+1}-\sqrt{x}=\sqrt{5001}-\sqrt{5000}=71.72-71.71=0.01$，结果只有 1 位有效数字而损失了 3 位有效数字. 若进行分子有理化，得 $\sqrt{x+1}-\sqrt{x}=\dfrac{1}{\sqrt{x+1}+\sqrt{x}}=\dfrac{1}{\sqrt{5001}+\sqrt{5000}}\approx 0.006972$，这样仍然有 4 位有效数字.

可见，用什么算法来计算两个相近数的相减，主要取决于表达式的形式，出现这种情况时，最好对公式进行相应处理. 例如，有下面几种常用变换：

(1) $x_1\approx x_2$ 时，变换 $\lg x_1-\lg x_2=\lg\dfrac{x_1}{x_2}$；

(2) $x \approx 0$ 时,变换 $\dfrac{1-\cos x}{\sin x} = \dfrac{\sin x}{1+\cos x}$;

(3) x 充分大时,变换 $\arctan(x+1) - \arctan x = \arctan \dfrac{1}{1+x(x+1)}$.

2. 避免绝对值太小的数作除数

由于除数绝对值很小,将导致商很大,因此有可能出现"溢出"现象.

3. 防止大数吃掉小数

例17 方程 $x^2 - (10^9 + 1)x + 10^9 = 0$ 的两个根为 $x_1 = 10^9$ 和 $x_2 = 1$,若用 8 位数字计算机采用求根公式 $x_{1,2} = \dfrac{-b \pm \sqrt{b^2 - 4ac}}{2a}$ 计算,则有

$$-b = 10^9 + 1 = 0.10000000 \times 10^{10} + 0.10000000 \times 10^1$$
$$= 0.10000000 \times 10^{10} + 0.00000000 \times 10^{10}$$
$$\cong 0.10000000 \times 10^{10} = 10^9,$$

所以 $\sqrt{b^2 - 4ac} = \sqrt{(10^9+1)^2 - 4 \times 1 \times 10^9} = \sqrt{(10^9-1)^2} \cong 10^9$,故而 $x_1 = \dfrac{-b + \sqrt{b^2-4ac}}{2a} = \dfrac{10^9 + 10^9}{2} = 10^9$,$x_2 = 0$,这与 $x_2 = 1$ 误差太大,因此为减少误差,在计算 x_2 时应这样计算:

$$x_2 = \dfrac{c}{ax_1} = \dfrac{10^9}{1 \times 10^9} = 1.$$

例18 取 4 位有效数字进行舍入运算,注意下面两个计算结果的不同:

$A = 1234 + 0.4 + 0.3 + 0.2 + 0.1 = 1234$ 和 $B = 0.4 + 0.3 + 0.2 + 0.1 + 1234 = 1235$.

再如,要计算 $53480 + \sum_{i=1}^{10000} a_i, a_i = 0.001$,就需要先计算 a_i 之和,然后再加上 53480.

4. 尽量简化运算步骤以减少运算次数

例19 在计算 n 次多项式 $p(x) = a_0 + a_1 x + a_2 x^2 + \cdots + a_n x^n$ 时,一共需要计算 $\dfrac{n(n+1)}{2}$ 次乘法和 n 次加法. 若用**秦九韶算法**:

$$p(x) = a_0 + x\{a_1 + x[a_2 + \cdots + x(a_{n-1} + xa_n)]\}, \tag{2.6}$$

则只需 n 次乘法和 n 次加法即可,其递推公式为

$$\begin{cases} S_n = a_n, \\ S_{k-1} = xS_k + a_{k-1} \quad (k = n, n-1, \cdots, 2, 1). \end{cases}$$

例如,在计算 4 次多项式时,可采用如下算法:

$$a_0 + a_1 x + a_2 x^2 + a_3 x^3 + a_4 x^4 = a_0 + x\{a_1 + x[a_2 + x(a_3 + xa_4)]\},$$
$$S_4 = a_4, \quad S_n = a_n + xS_{n+1}, \quad n = 3, 2, 1, 0.$$

5. 提高算法的效率,防止误差的积累

例20 计算 $\ln 2$ 的近似值,要求误差小于 10^{-7}.

解 第一种方法,利用级数 $\ln 2 \approx S_n = 1 - \dfrac{1}{2} + \cdots + (-1)^{n-1} \dfrac{1}{n} + \cdots$ 来计算,误差为

$|\ln 2 - S_n| \leq \dfrac{1}{1+n} < 10^{-7}$,于是 $n > 10^7 - 1$,即用此计算公式计算且达到所要求的精度,需

要取级数的前一千万项求和. 显然,计算量太大,不经济,而且每项计算都有舍入误差,再求和会使有效数字损失.

第二种方法,利用级数 $\ln\dfrac{1+x}{1-x} = 2x\left(1 + \dfrac{1}{3}x^2 + \dfrac{1}{5}x^4 + \cdots + \dfrac{1}{2m+1}x^{2m} + \cdots\right)$ 来计算 $\ln 2$ 的近似值,只需取 $x = \dfrac{1}{3}$,且用前9项(取 $m = 8$)求和就可达到精度要求,即 $\ln 2 \approx S_m = 2x\left(1 + \dfrac{1}{3}x^2 + \cdots + \dfrac{1}{17}x^{16}\right), x = \dfrac{1}{3}$,则有 $|\ln 2 - S_8| < 10^{-7}$,显然第二种算法的效率较高.

6. 利用数值稳定性好的算法

例 21 计算 $I_n = \displaystyle\int_0^1 \dfrac{x^n}{x+7}\mathrm{d}x, n = 0, 1, 2, \cdots, 10$.

解 由于 $I_n = \displaystyle\int_0^1 \dfrac{x^n}{x+7}\mathrm{d}x = \displaystyle\int_0^1 \dfrac{(x+7)x^{n-1}}{x+7}\mathrm{d}x - 7\displaystyle\int_0^1 \dfrac{x^{n-1}}{x+7}\mathrm{d}x$,故而 $I_n + 7I_{n-1} = \displaystyle\int_0^1 x^{n-1}\mathrm{d}x = \dfrac{1}{n}$,其中 $n = 1, 2, \cdots, 10$. 当 $n = 0$ 时, $I_0 = \displaystyle\int_0^1 \dfrac{1}{x+7}\mathrm{d}x = \ln 8 - \ln 7 \approx 0.133531$,利用迭代格式 $I_n = \dfrac{1}{n} - 7I_{n-1}$ 即可求出 $n = 1, 2, \cdots, 10$ 时的值,但是计算结果表明这种计算格式不稳定,出现错误的原因是初始误差被逐渐放大.

考虑另一个思路,采用 $I_{n-1} = \dfrac{1}{7n} - \dfrac{I_n}{7}, n = 11, 10, \cdots, 2$. 由于

$$\dfrac{1}{8(n+1)} = \dfrac{1}{8}\int_0^1 x^n \mathrm{d}x \leqslant I_n = \int_0^1 \dfrac{x^n}{x+7}\mathrm{d}x \leqslant \dfrac{1}{7}\int_0^1 x^n \mathrm{d}x = \dfrac{1}{7(n+1)},$$

所以有

$$\dfrac{1}{96} = \dfrac{1}{8 \times (11+1)} \leqslant I_{11} \leqslant \dfrac{1}{7 \times (11+1)} = \dfrac{1}{84},$$

取 $I_{11} \approx \dfrac{1}{2}\left(\dfrac{1}{96} + \dfrac{1}{84}\right) \approx 0.01116$,采用迭代 $I_{n-1} = \dfrac{1}{7n} - \dfrac{I_n}{7}$ 求解,这里 $n = 11, 10, \cdots, 2$.

例 22 讨论在计算机中分别用 $m_1 = \dfrac{a+b}{2}$ 和 $m_2 = a + \dfrac{b-a}{2}$ 求中点时所得结果是否相同.

解 当 $a = 5.243$ 和 $b = \pm 8.355$ 时,用4位有效数字进行计算,计算结果如下:

a	b	m_1	m_2	准确值
5.243	8.355	6.800	6.799	6.799
5.243	-8.355	-1.566	-1.577	-1.566

练 习 题 2

1. 设 $A > 0, A$ 的相对误差为 δ,求 $\ln A$ 的误差.

2. 使 $\sqrt{30}$ 的近似值 x 的相对误差限不超过 0.1%，问：x 应取几位有效数字？

3. 设 x 的相对误差为 2%，求 x^n 的相对误差.

4. 计算球的体积，要使相对误差限为 1%，问：度量半径为 R 时允许相对误差限为多少？

5. 给出 $p(x) = a_0 + x\{a_1 + x[a_2 + \cdots + x(a_{n-1} + xa_n)]\}$ 的秦九韶算法.

6. 计算积分 $I_n = \int_0^1 x^n e^{x-1} dx, n = 1, 2, \cdots, 9$.

7. 当 $n = 1, 2, \cdots, 8$ 时，求积分 $y_n = \int_0^1 \frac{x^n}{x+5} dx$ 的近似值.

8. 在四位十进制下计算 $1 - \cos 2°$.

9. 序列 $\{y_n\}$ 满足递推关系 $y_n = 10y_{n-1} - 1, n = 1, 2, \cdots$，若 $y_0 = \sqrt{2} \approx 1.41$（3 位有效数字），则计算到 y_{10} 时误差有多大？这个计算过程稳定吗？

10. 请给出一种算法计算 x^{256}，要求乘法次数尽可能少.

11. 取 $\sqrt{99}$ 的 6 位有效数 9.94987，则用以下两种算法计算 $10 - \sqrt{99}$ 各有几位有效数字？

（1）$10 - \sqrt{99} \approx 10 - 9.94987 = 0.05013$；

（2）$\dfrac{1}{10 + \sqrt{99}} \approx \dfrac{1}{10 + 9.94987} = 0.0501256399\cdots$.

12. 求方程 $x^2 - 56x + 1 = 0$ 的两个根，使它们至少具有 4 位有效数字.（$\sqrt{783} \approx 27.982$）

13. 当 n 充分大时，怎样求 $\int_n^{n+1} \dfrac{1}{1+x^2} dx$？

14. 用 3 位数字计算出方程组 $\begin{cases} 0.780x + 0.563y = 0.217, \\ 0.457x + 0.330y = 0.127 \end{cases}$ 的解 x 与 y，再用 6 位数字计算出 x 与 y，已知精确解为 $x = 1, y = -1$，对比两次计算结果说明什么.

第 3 章 插值方法

§3.1 多项式插值

3.1.1 插值问题的提出

插值法是广泛应用于理论研究和工程实际的重要数值方法. 众所周知,反映自然规律的数量关系的函数有三种表示法:解析法、图像法和表格法. 在实际问题中,某些变量之间确实存在一种函数关系,而且这种函数关系往往是从实验观测得到的,而大量实际问题中的函数关系是用表格法给出的. 例如,要测一点的温度是不容易的,为此只能少测点的温度,而靠插值法来推知其他点的温度. 从提供的部分离散的函数值去进行理论分析和设计都是极不方便甚至是不可能的,因此需要设法寻找与已知函数值相符而形式简单的插值函数. 另外一种情况是,函数表达式虽已给定,但计算复杂,因此也需要根据一些函数值找出既反映原函数特征,又便于计算的简单函数去近似原函数,求这个简单函数的方法即称为**插值法**.

在实际中遇到的问题,反映变量之间内在规律的函数关系 $y=f(x)$,往往是通过实验或观测得到的一张函数表,其表达式未知,或者函数存在解析表达式,但由于形式过于复杂而不易使用,因此需要构造出既能反映 $y=f(x)$ 的特征又比较简单的函数来代替 $y=f(x)$. 例如 $y=f(x)$ 列表函数值如下,而 $x^* \neq x_i (i=0,1,\cdots,n)$,如何求 $y^* = f(x^*)$ 的值?

x	x_0	x_1	x_2	$\cdots$	x_n
y	y_0	y_1	y_2	$\cdots$	y_n

定义 3.1 求一简单的连续函数 $\varphi(x)$,使 $\varphi(x_i) = y_i = f(x_i), i=0,1,2,\cdots,n$,则 $\varphi(x^*)$ 可看成 $y^* = f(x^*)$ 的近似值,其中 $x_0, x_1, \cdots, x_n$ 为**插值节点**,$\varphi(x)$ 为**插值函数**,$f(x)$ 为**被插值函数**. 若 x^* 落在 $x_i(i=0,1,2,\cdots,n)$ 之间,则称为**内插法**;若 x^* 落在 $x_i(i=0,1,2,\cdots,n)$ 之外,则称为**外插法**.

若 $\varphi(x)$ 取为代数多项式,则当 $x_i(i=0,1,2,\cdots,n)$ 互不相同时,根据**插值条件** $\varphi(x_i) = y_i$ 可以唯一确定一个 n 次代数多项式,这样的插值函数称为**多项式插值**.

3.1.2 多项式插值解的唯一性

若 $\varphi(x) = p(x) = a_0 + a_1 x + a_2 x^2 + \cdots + a_n x^n$ 为一个 n 次多项式,由于 $p(x_i) = y_i$, $i = 0, 1, 2, \cdots, n$,则得

$$\begin{cases} a_0 + a_1 x_0 + a_2 x_0^2 + \cdots + a_n x_0^n = y_0, \\ a_0 + a_1 x_1 + a_2 x_1^2 + \cdots + a_n x_1^n = y_1, \\ \cdots \cdots \\ a_0 + a_1 x_n + a_2 x_n^2 + \cdots + a_n x_n^n = y_n, \end{cases} \tag{3.1}$$

其中 $a_0, a_1, \cdots, a_n$ 为 $n+1$ 个未知量,其系数矩阵为

$$A = \begin{bmatrix} 1 & x_0 & x_0^2 & \cdots & x_0^n \\ 1 & x_1 & x_1^2 & \cdots & x_1^n \\ \vdots & \vdots & \vdots & & \vdots \\ 1 & x_n & x_n^2 & \cdots & x_n^n \end{bmatrix}_{(n+1)\times(n+1)}, \tag{3.2}$$

而(3.2)中 A 的行列式 $|A|$ 为 Vandermonde 行列式,由于 $x_i(i=0,1,2,\cdots,n)$ 互不相同,故而 $|A| = \prod_{0 \leqslant i < j \leqslant n}(x_j - x_i) \neq 0$,从而方程组有唯一解,由 Cramer 法则得 $a_k = \dfrac{d_k}{|A|}$, $k = 0, 1, \cdots, n$,从而得到下述插值多项式存在唯一性定理.

定理 3.1 设已知 $y = f(x)$ 的函数表 $(x_i, f(x_i))$,$i = 0, 1, \cdots, n$,且 $x_i \neq x_j$,则存在唯一多项式 $p_n(x) = \sum_{i=0}^{n} a_i x^i$ 使得 $p_n(x_i) = f(x_i)$,$i = 0, 1, \cdots, n$.

§3.2 Lagrange 插值

3.2.1 线性插值

定理 3.1 的证明过程为我们提供了一个求 $p_n(x)$ 的方法,这就是解方程组(3.1). 但当 n 较大时,求解方程组(3.1)是很困难的. 为了得到便于使用的简单的插值多项式 $p_n(x)$,我们先从特殊情况开始,即 $n=1$ 的情况,常称为**线性插值**.

设已知区间 $[x_0, x_1]$ 的端点处的函数值 $y_0 = f(x_0)$ 及 $y_1 = f(x_1)$,今求一个一次插值多项式(线性函数)$L_1(x)$,使其满足:

$$L_1(x_0) = f(x_0) = y_0, \quad L_1(x_1) = f(x_1) = y_1. \tag{3.3}$$

$y = L_1(x)$ 的几何意义就是过两点 (x_0, y_0) 和 (x_1, y_1) 的一条直线,由直线方程的两点式或点斜式得到 $y = L_1(x)$ 的表达式:

$$L_1(x) = \frac{x-x_1}{x_0-x_1}y_0 + \frac{x-x_0}{x_1-x_0}y_1. \tag{3.4}$$

由(3.4)式知,$L_1(x)$是如下两个线性函数

$$l_0(x) = \frac{x-x_1}{x_0-x_1}, \quad l_1(x) = \frac{x-x_0}{x_1-x_0} \tag{3.5}$$

的线性组合,其系数分别为y_0和y_1,即有

$$L_1(x) = l_0(x)y_0 + l_1(x)y_1. \tag{3.6}$$

显然$l_0(x)$与$l_1(x)$都是一次多项式,且满足

$$l_i(x_j) = \begin{cases} 1, & i=j, \\ 0, & i \neq j, \end{cases} \tag{3.7}$$

其中$i,j=0,1$,我们称$l_0(x)$和$l_1(x)$为**一次插值基函数**,从而$L_1(x) = l_0(x)y_0 + l_1(x)y_1$就是满足插值条件的**一次 Lagrange 插值多项式**.

3.2.2 抛物线插值

考虑$n=2$的情况,此时称为**抛物线插值**(或**二次插值**). 设有三个互异插值节点为x_0,x_1和x_2,且已知函数在节点上的函数值为y_0,y_1和y_2,求一个二次插值多项式$L_2(x)$,使其满足$L_2(x_j) = y_j, j=0,1,2$. 抛物线插值的几何意义为过三点(x_0,y_0),(x_1,y_1)和(x_2,y_2)的抛物线.

我们仍采用插值基函数的方法,为此设

$$L_2(x) = l_0(x)y_0 + l_1(x)y_1 + l_2(x)y_2, \tag{3.8}$$

这里的基函数$l_0(x),l_1(x)$和$l_2(x)$为二次函数,它们满足

$$l_i(x_j) = \begin{cases} 1, & i=j, \\ 0, & i \neq j, \end{cases} \tag{3.9}$$

其中$i,j=0,1,2$,显然求出$l_0(x),l_1(x)$和$l_2(x)$后,二次插值多项式$L_2(x)$即可求出. 下面我们来求这三个插值基函数,考虑其中一个,比如$l_1(x)$,由(3.9)式知,$l_1(x)$满足$l_1(x_0)=0,l_1(x_2)=0,l_1(x_1)=1$,即$x_0$和$x_2$为其两个零点,又知$l_1(x)$为二次函数,可设$l_1(x) = A(x-x_0)(x-x_2)$,再由$l_1(x_1)=1$知,$1 = A(x_1-x_0)(x_1-x_2)$,所以可以求得$A = 1/[(x_1-x_0)(x_1-x_2)]$,从而得

$$l_1(x) = \frac{(x-x_0)(x-x_2)}{(x_1-x_0)(x_1-x_2)}, \tag{3.10}$$

同理有

$$l_0(x) = \frac{(x-x_1)(x-x_2)}{(x_0-x_1)(x_0-x_2)}, \quad l_2(x) = \frac{(x-x_0)(x-x_1)}{(x_2-x_0)(x_2-x_1)}, \tag{3.11}$$

故二次插值多项式为

$$L_2(x) = y_0 l_0(x) + y_1 l_1(x) + y_2 l_2(x) = \sum_{i=0}^{2} l_i(x)y_i, \tag{3.12}$$

其中$l_i(x)$由(3.10)和(3.11)式所确定.

3.2.3 Lagrange 插值多项式

以上我们就 $n=1$ 和 $n=2$ 的特殊情况进行了讨论,得到了一次及二次插值多项式 $L_1(x)$ 和 $L_2(x)$,现将这种用插值基函数表示插值多项式的方法推广到具有 $n+1$ 个节点的情况中。假设给定 $n+1$ 个插值节点 $x_0 < x_1 < \cdots < x_n$ 及节点上的函数值 $y_0, y_1, \cdots, y_n$,求一个 n 次多项式 $L_n(x)$ 满足插值条件 $L_n(x_j) = y_j, j = 0,1,2,\cdots,n$. 为构造 $L_n(x)$,首先给出 n 次插值基函数的定义.

定义 3.2 若 n 次多项式 $l_i(x), i=0,1,2,\cdots,n$ 在 $n+1$ 个节点 $x_0 < x_1 < \cdots < x_n$ 上满足

$$l_i(x_j) = \begin{cases} 1, & i=j, \\ 0, & i \neq j, \end{cases} \tag{3.13}$$

其中 $i,j = 0,1,2,\cdots,n$,则称这 $n+1$ 个 n 次多项式 $l_0(x), l_1(x), \cdots, l_n(x)$ 为节点 $x_0, x_1, \cdots, x_n$ 上的 **n 次插值基函数**.

由于 $l_i(x) \in P_n$(表示 n 次多项式),$i=0,1,2,\cdots,n$,由定义 3.2 知 $x_0, x_1, \cdots, x_n$ 中除 x_i 外均为 $l_i(x)$ 的零点,因此设 $l_i(x) = B(x-x_0)\cdots(x-x_{i-1})(x-x_{i+1})\cdots(x-x_n)$,由 $l_i(x_i) = 1$ 得 $B = 1/[(x_i-x_0)\cdots(x_i-x_{i-1})(x_i-x_{i+1})\cdots(x_i-x_n)]$,所以有

$$l_i(x) = \frac{(x-x_0)\cdots(x-x_{i-1})(x-x_{i+1})\cdots(x-x_n)}{(x_i-x_0)\cdots(x_i-x_{i-1})(x_i-x_{i+1})\cdots(x_i-x_n)}. \tag{3.14}$$

若记

$$\omega(x) = (x-x_0)(x-x_1)\cdots(x-x_n), \tag{3.15}$$

显然有

$$\omega'(x_i) = (x_i-x_0)(x_i-x_1)\cdots(x_i-x_{i-1})(x_i-x_{i+1})\cdots(x_i-x_n), \tag{3.16}$$

则 $l_i(x) = \dfrac{\omega(x)}{(x-x_i)\omega'(x_i)}$,从而得

$$L_n(x) = \sum_{i=0}^{n} l_i(x) y_i = \sum_{i=0}^{n} \frac{\omega(x)}{(x-x_i)\omega'(x_i)} y_i, \tag{3.17}$$

公式(3.17)为 **n 次 Lagrange 插值多项式**.

例 1 设 $f(-1)=2, f(1)=1, f(2)=1$,求 $f(x)$ 的 Lagrange 插值多项式.

解 由于 $x_0=-1, x_1=1, x_2=2$ 以及 $y_0=2, y_1=1, y_2=1$,所以插值基函数分别为 $l_0(x) = \dfrac{1}{6}(x^2-3x+2), l_1(x) = -\dfrac{1}{2}(x^2-x-2), l_2(x) = \dfrac{1}{3}(x^2-1)$,从而 Lagrange 插值多项式为 $L_2(x) = \dfrac{1}{6}(x^2-3x+8)$.

例 2 已知函数 $y=f(x)$ 的观测数据如下,试求 Lagrange 插值多项式.

x	0	1	2
y	1	2	3

解 $L_2(x) = 1 \times \dfrac{(x-1)(x-2)}{(0-1)(0-2)} + 2 \times \dfrac{(x-0)(x-2)}{(1-0)(1-2)} + 3 \times \dfrac{(x-0)(x-1)}{(2-0)(2-1)} = x+1.$

例 3 已知函数 $f(x)$ 的三个点 $(0,1),(-1,5)$ 和 $(2,-1)$，写出 Lagrange 插值基函数，并求出二次插值多项式 $L_2(x)$.

解 由于 $x_0 = -1, x_1 = 0, x_2 = 2$ 以及 $y_0 = 5, y_1 = 1, y_2 = -1$，所以插值基函数分别为

$$l_0(x) = \frac{(x-0)(x-2)}{(-1-0)(-1-2)} = \frac{1}{3}x(x-2),$$

$$l_1(x) = \frac{(x+1)(x-2)}{(0+1)(0-2)} = \frac{-1}{2}(x+1)(x-2),$$

$$l_2(x) = \frac{1}{6}x(x+1),$$

代入(3.12)式得二次插值多项式为 $L_2(x) = x^2 - 3x + 1.$

§3.3 差商与 Newton 插值多项式

3.3.1 差商

考虑 Lagrange 插值多项式 $L_n(x) = \sum\limits_{i=0}^{n} l_i(x) y_i$，当 $n=1$ 和 $n=2$ 时分别为

① 线性插值，取两点 $A(x_0, y_0)$ 和 $B(x_1, y_1)$，得 $L_1(x) = \dfrac{x-x_1}{x_0-x_1} y_0 + \dfrac{x-x_0}{x_1-x_0} y_1$；

② 抛物线插值，取三点 $A(x_0, y_0), B(x_1, y_1)$ 以及 $C(x_2, y_2)$，得

$$L_2(x) = \frac{(x-x_1)(x-x_2)}{(x_0-x_1)(x_0-x_2)} y_0 + \frac{(x-x_0)(x-x_2)}{(x_1-x_0)(x_1-x_2)} y_1 + \frac{(x-x_0)(x-x_1)}{(x_2-x_0)(x_2-x_1)} y_2.$$

可以看到，当插值节点个数增加时，Lagrange 因子 $l_i(x)$ 随之发生变化.

本节仍然讨论给定 $n+1$ 个插值节点 $a = x_0 < x_1 < \cdots < x_n = b$ 及节点上的函数值 $f(x_j)$ (或记为 f_j)，$j = 0, 1, \cdots, n$，求一个 n 次插值多项式 $P_n(x)$，这里将 $L_n(x)$ 记为 $P_n(x)$，以后还将记为 $N_n(x)$，满足插值条件 $P_n(x_j) = f(x_j), j = 0, 1, \cdots, n.$

设 $P_n(x) = a_0 + a_1(x-x_0) + a_2(x-x_0)(x-x_1) + \cdots + a_n(x-x_0)(x-x_1)\cdots(x-x_{n-1})$，其中系数 $a_0, a_1, \cdots, a_n$ 为待定参数，可由插值条件 $P_n(x_j) = f(x_j)$ 来确定，例如：

当 $x = x_0$ 时，$P_n(x_0) = a_0 = f_0$，得 $a_0 = f_0$；

当 $x = x_1$ 时，$P_n(x_1) = a_0 + a_1(x_1 - x_0) = f_1$，得 $a_1 = \dfrac{f_1 - f_0}{x_1 - x_0}$；

当 $x = x_2$ 时，$P_n(x_2) = a_0 + a_1(x_2 - x_0) + a_2(x_2 - x_0)(x_2 - x_1) = f_2$，得 $a_2 = \dfrac{\dfrac{f_2 - f_0}{x_2 - x_0} - \dfrac{f_1 - f_0}{x_1 - x_0}}{x_2 - x_1}.$

以此类推，可求得系数 $a_3, a_4, \cdots, a_n$，为了写出系数 a_k 的一般表达式，我们引进差商

的定义.

定义 3.3 设已知不同的自变量 $x_0, x_1, \cdots, x_n$ 上的函数值 $f(x_i), i = 0, 1, \cdots, n$,则一阶差商定义为

$$f[x_i, x_j] = \frac{f(x_j) - f(x_i)}{x_j - x_i} \quad (i \neq j),$$

二阶差商定义为

$$f[x_i, x_j, x_k] = \frac{f[x_j, x_k] - f[x_i, x_j]}{x_k - x_i},$$

n 阶差商定义为

$$f[x_0, x_1, \cdots, x_n] = \frac{f[x_1, x_2, \cdots, x_n] - f[x_0, x_1, \cdots, x_{n-1}]}{x_n - x_0},$$

根据以上定义知 $a_k = f[x_0, x_1, \cdots, x_k], k = 1, 2, \cdots, n$.

例 4 已知 $f(0) = 1, f(-1) = 5$ 和 $f(2) = -1$,分别求 $f[0, -1, 2]$ 和 $f[-1, 2, 0]$.

解 由 $f[0, -1] = -4$ 和 $f[-1, 2] = -2$,得 $f[0, -1, 2] = 1$,由 $f[-1, 2] = -2$ 和 $f[-1, 0] = -4$,得 $f[-1, 2, 0] = 1$.

差商具有以下性质:

(1) 线性性质:
$$F(x) = cf(x) \Rightarrow F[a, b] = cf[a, b],$$
$$F(x) = f(x) + g(x) \Rightarrow F[a, b] = f[a, b] + g[a, b].$$

(2) 对称性(与节点的次序无关):
$$f[x_0, x_1, \cdots, x_n] = f[x_1, x_0, x_2, \cdots, x_n] = \cdots = f[x_1, x_2, \cdots, x_n, x_0].$$

(3) 若 $f(x)$ 在 $[a, b]$ 上存在 n 阶导数,且节点 $x_0, x_1, \cdots, x_n \in [a, b]$,则 n 阶差商与导数的关系如下:

$$f[x_0, x_1, \cdots, x_n] = \frac{f^{(n)}(\xi)}{n!}, \tag{3.18}$$

此性质的证明见定理 3.3.

3.3.2 Newton 插值多项式

计算差商可按表 3-1 进行.

表 3-1 差商表

x_k	$f(x_k)$	一阶差商	二阶差商	三阶差商	四阶差商
x_0	$f(x_0)$				
x_1	$f(x_1)$	$f[x_0, x_1]$			
x_2	$f(x_2)$	$f[x_1, x_2]$	$f[x_0, x_1, x_2]$		
x_3	$f(x_3)$	$f[x_2, x_3]$	$f[x_1, x_2, x_3]$	$f[x_0, x_1, x_2, x_3]$	
x_4	$f(x_4)$	$f[x_3, x_4]$	$f[x_2, x_3, x_4]$	$f[x_1, x_2, x_3, x_4]$	$f[x_0, x_1, x_2, x_3, x_4]$
⋮	⋮	⋮	⋮	⋮	⋮

根据差商定义，显然以上多项式的系数

$$a_0 = y_0 = f(x_0) = f[x_0], \quad a_1 = \frac{y_1 - y_0}{x_1 - x_0} = f[x_0, x_1],$$

$$a_2 = \frac{\frac{y_2 - y_1}{x_2 - x_1} - \frac{y_1 - y_0}{x_1 - x_0}}{x_2 - x_0} = \frac{f[x_1, x_2] - f[x_0, x_1]}{x_2 - x_0} = f[x_0, x_1, x_2],$$

以此类推，可得 $a_k = f[x_0, x_1, \cdots, x_k]$，$k = 1, 2, \cdots, n$. 将上述系数代入 $P_n(x)$ 并记为 $N_n(x)$，得到如下插值多项式：

$$N_n(x) = f(x_0) + f[x_0, x_1](x - x_0) + f[x_0, x_1, x_2](x - x_0)(x - x_1) + \cdots \quad (3.19)$$
$$+ f[x_0, x_1, \cdots, x_n](x - x_0)(x - x_1)\cdots(x - x_{n-1}).$$

公式(3.19)称为 **Newton 插值多项式**.

例 5 已知 $f(1) = 8, f(2) = 1$ 和 $f(4) = 5$，求 Newton 插值多项式.

解 由 $x_0 = 1, x_1 = 2, x_2 = 4$ 以及 $y_0 = 8, y_1 = 1, y_2 = 5$，可得

$$a_0 = 8, \quad a_1 = \frac{1 - 8}{2 - 1} = -7, \quad a_2 = \frac{\frac{5 - 1}{4 - 2} - \frac{1 - 8}{2 - 1}}{4 - 1} = 3,$$

从而 Newton 插值多项式为 $N_2(x) = 8 - 7(x - 1) + 3(x - 1)(x - 2) = 3x^2 - 16x + 21$.

例 6 已知列表函数如下，求 Newton 插值多项式.

x	2	3	5	6
y	5	2	3	4

解 Newton 插值多项式为

$$N_3(x) = 5 - 3(x - 2) + \frac{7}{6}(x - 2)(x - 3) - \frac{1}{4}(x - 2)(x - 3)(x - 5)$$
$$= -\frac{1}{4}x^3 + \frac{11}{3}x^2 - \frac{199}{12}x + \frac{51}{2}.$$

例 7 已知 $f(1) = 0, f(2) = -5, f(3) = -6, f(4) = 3$，求 Newton 插值多项式.

解 构造差商表：

x	$f(x)$	一阶差商	二阶差商	三阶差商
1	0			
2	-5	-5		
3	-6	-1	2	
4	3	9	5	1

所以 Newton 插值多项式为

$$N_3(x) = 0 - 5(x - 1) + 2(x - 1)(x - 2) + (x - 1)(x - 2)(x - 3) = x^3 - 4x^2 + 3.$$

例 8 用 Newton 插值公式求 $f(x)$ 过三个点 $(0, 1), (-1, 5)$ 和 $(2, -1)$ 的二次插值多项式.

解 构造差商表:

x_i	$f(x_i)$	一阶差商	二阶差商
-1	5		
0	1	-4	
2	-1	-1	1

所以二次插值多项式为
$$N_2(x) = 5 - 4(x+1) + 1 \cdot (x+1)(x-0) = x^2 - 3x + 1.$$

§3.4 插值多项式余项

3.4.1 Lagrange 插值余项

插值多项式逼近函数 $f(x)$ 的程度如何描述? 这里用**插值余项**的概念来描述,设 $P_n(x)$ 是函数 $f(x)$ 的满足一定插值条件的插值多项式,则误差 $f(x) - P_n(x)$ 称为插值多项式 $P_n(x)$ 的**余项**,记为 $R_n(x) = f(x) - P_n(x)$. 若余项的表达式能够确定,即有余项公式,则用该公式可以研究插值多项式 $P_n(x)$ 逼近函数 $f(x)$ 的误差的大小. 因插值条件的不同,所得到的插值多项式也不一样,对不同的插值多项式,余项公式也不同,因此要根据不同插值多项式给出不同的余项公式的具体表达式,首先研究如下的 **Lagrange 插值余项定理**.

定理 3.2 设 $x_0, x_1, \cdots, x_n$ 为区间 $[a,b]$ 上的不同节点(也称**互异节点**),函数 $f(x) \in C^{n+1}[a,b]$, $L_n(x)$ 为满足插值条件 $L_n(x_i) = f(x_i), i = 0, 1, 2, \cdots, n$ 的 n 次 Lagrange 插值多项式,则对任意的 $f(x)$,存在与 x 有关的 $\xi \in (a,b)$,使得

$$R_n(x) = f(x) - L_n(x) = \frac{f^{(n+1)}(\xi)}{(n+1)!} \omega(x), \quad (3.20)$$

其中 $\omega(x) = (x - x_0)(x - x_1) \cdots (x - x_n)$.

证明 取一点 $x \in [a, b]$,当 $x = x_0, x_1, \cdots, x_n$ 时, $R_n(x_i) = f(x_i) - L_n(x_i) = 0, i = 0, 1, \cdots, n$,结论显然满足. 设 x 不是插值节点 $x_0, x_1, \cdots, x_n$,作辅助函数

$$F(z) = f(z) - L_n(z) - \frac{\omega(z)}{\omega(x)}[f(x) - L_n(x)], \quad (3.21)$$

由于 $F(x) = 0, F(x_j) = 0, j = 0, 1, \cdots, n$,且 x 与 $x_0, x_1, \cdots, x_n$ 各不同,由 Rolle 定理知道 $F'(z)$ 在 (a, b) 内至少有 $n+1$ 个不同根, $F''(z)$ 在 (a, b) 内至少有 n 个不同根,如此反复利用 Rolle 定理,则 $F^{(n+1)}(z)$ 在 (a, b) 内至少有一个根 ξ,故

$$F^{(n+1)}(\xi) = f^{(n+1)}(\xi) - L_n^{(n+1)}(\xi) - \frac{(n+1)!}{\omega(x)}[f(x) - L_n(x)] = 0,$$

求出 $R_n(x) = f(x) - L_n(x)$ 即可得证.

注意 (1) 只有当 $f(x)$ 的高阶导数 $f^{(n+1)}(x)$ 存在时才能应用此定理.

(2) 若 $f(x)$ 是次数小于等于 n 的多项式, 则 $f^{(n+1)}(x) = 0$, 此时有 $R_n(x) = 0$, 即 $f(x) = L_n(x)$.

(3) 若 $f(x) = 1$, 则 $y(x_k) = 1, k = 0, 1, 2, \cdots, n$, 且 $R_n(x) = 0, f(x) = L_n(x) = 1$, 故有 $\sum_{i=0}^{n} l_i(x) = 1$.

(4) 由于 $\xi \in (a, b)$ 一般不可能具体求出, 通常若 $f^{(n+1)}(x)$ 在 $[a, b]$ 上有上界 M_{n+1}, 即 $M_{n+1} = \sup_{a \leq x \leq b} |f^{(n+1)}(x)|$, 则有 $|R_n(x)| \leq \frac{M_{n+1}}{(n+1)!} |\omega(x)|$. 比如, 对于线性插值多项式 $L_1(x) = \frac{x - x_1}{x_0 - x_1} y_0 + \frac{x - x_0}{x_1 - x_0} y_1$, 余项 $R_1(x) = \frac{f''(\xi)}{2}(x - x_0)(x - x_1), \xi \in (x_0, x_1)$, 截断误差满足 $|R_1(x)| \leq \frac{M_2}{8}(x_1 - x_0)^2, M_2 = \max_{x_0 < x < x_1} |f''(x)|$.

(5) 由 (4) 知, $|R_n(x)|$ 的大小还与点 x 有关, x 越靠近某一节点误差越小. 因此, 一般地, 为减小误差, 取节点时应使要计算的点含在节点之间.

例 9 利用如下平方根表, 求 $\sqrt{2.05}$.

x	2.0	2.1	2.2
y	1.414214	1.449138	1.483240

解 构造如下差商表:

x	$f(x)$	一阶差商	二阶差商
2.0	1.414214		
2.1	1.449138	0.34924	
2.2	1.483240	0.34102	-0.04110

(1) 由于 $f(x) = \sqrt{x}$, 以 2.0 和 2.1 两点作线性插值, 得
$$P_1(x) = 1.414214 + 0.34924(x - 2.0),$$
若 $x = 2.05$, 则有
$$P_1(2.05) = 1.414214 + 0.34924(2.05 - 2.0) = 1.431676,$$
其余项为 $\frac{1}{2!} f''(\xi)(x - 2.0)(x - 2.1) = \frac{1}{2!} f''(\xi)(0.05)^2, 2.0 < \xi < 2.1$. 由于 $f''(x) = -\frac{1}{4} \frac{1}{x\sqrt{x}}$, 于是有 $|f''(\xi)| \leq \frac{1}{8\sqrt{2}}$, 所以 $|\sqrt{2.05} - P_1(2.05)| \leq \frac{1}{16\sqrt{2}}(0.05)^2 = 1.105 \times 10^{-4}$.

(2) 由于 $f(x) = \sqrt{x}$, 以 2.0, 2.1 和 2.2 三点作抛物线插值, 得

$$P_2(x) = P_1(x) + (-0.04110)(x-2.0)(x-2.1),$$
若 $x = 2.05$,则有
$$P_2(2.05) = 1.431779,$$
其余项为 $\frac{1}{3!}f'''(\xi)(2.05-2.0)(2.05-2.1)(2.05-2.2)$。由于 $f'''(x) = \frac{3}{8} \cdot \frac{1}{x^2\sqrt{2}}$,于是有 $|f'''(x)| \leqslant \frac{3}{32\sqrt{2}}$,因此 $|\sqrt{2.05} - P_2(2.05)| \leqslant 4.14 \times 10^{-6}$。

例 10 设 $x_j(j=0,1,\cdots,n)$ 为互异节点,求证:

(1) $\sum_{j=0}^{n} x_j^k l_j(x) \equiv x^k (k=0,1,\cdots,n)$,特别地 $\sum_{j=0}^{n} l_j(x) \equiv 1$。

(2) $\sum_{j=0}^{n} (x_j - x)^2 l_j(x) = 0$。

证明 (1) 令 $f(x) = x^k$,若插值节点为 $x_j(j=0,1,\cdots,n)$,则 $f(x)$ 的 n 次插值多项式为 $L_n(x) = \sum_{j=0}^{n} x_j^k l_j(x)$,插值余项为 $R_n(x) = f(x) - L_n(x) = \frac{f^{(n+1)}(\xi)}{(n+1)!}\omega(x)$,因为 $k \leqslant n$,所以 $f^{(n+1)}(\xi) = 0, R_n(x) = 0$,所以 $\sum_{j=0}^{n} x_j^k l_j(x) \equiv x^k (k=0,1,\cdots,n)$。

(2) $\sum_{j=0}^{n} x_j^2 l_j(x) - 2x \sum_{j=0}^{n} x_j l_j(x) + x^2 \sum_{j=0}^{n} l_j(x) = x^2 - 2x^2 + x^2 = 0$。

例 11 设 $f(x) \in C^2[a,b]$,且 $f(a) = f(b) = 0$,求证:
$$\max_{a \leqslant x \leqslant b} |f(x)| \leqslant \frac{1}{8}(b-a)^2 \max_{a \leqslant x \leqslant b} |f''(x)|.$$

证明 令 $x = a$ 和 $x = b$,以此为插值节点,则插值多项式为
$$L_1(x) = f(a)\frac{x-b}{a-b} + f(b)\frac{x-a}{b-a} \equiv 0.$$

应用插值余项公式有
$$|f(x) - L_1(x)| = \left|\frac{1}{2!}f''(\xi)(x-a)(x-b)\right|$$
$$\leqslant \frac{1}{2}\max_{a \leqslant x \leqslant b}|f''(x)|\max_{a \leqslant x \leqslant b}|(x-a)(x-b)|$$
$$\leqslant \frac{1}{8}(b-a)^2 \max_{a \leqslant x \leqslant b}|f''(x)|,$$

其中 $\xi \in (a,b)$。

3.4.2 Newton 插值余项

由差商定义得
$$f(x) = f(x_0) + f[x,x_0](x-x_0),$$
$$f[x,x_0] = f[x_0,x_1] + f[x,x_0,x_1](x-x_1),$$

$$f[x,x_0,x_1] = f[x_0,x_1,x_2] + f[x,x_0,x_1,x_2](x-x_2),$$
······

以此类推有
$$f[x,x_0,\cdots,x_{n-1}] = f[x_0,x_1,\cdots,x_n] + f[x,x_0,\cdots,x_n](x-x_n),$$

从最后一式开始依次代入前一式则得
$$\begin{aligned}f(x) &= f(x_0) + f[x_0,x_1](x-x_0) + f[x_0,x_1,x_2](x-x_0)(x-x_1) + \cdots \\ &\quad + f[x_0,x_1,\cdots,x_n](x-x_0)(x-x_1)\cdots(x-x_{n-1}) \\ &\quad + f[x,x_0,x_1,\cdots,x_n](x-x_0)(x-x_1)\cdots(x-x_n) \\ &= N_n(x) + R_n(x),\end{aligned}$$

其中
$$R_n(x) = f[x,x_0,x_1,\cdots,x_n](x-x_0)(x-x_1)\cdots(x-x_n) = f[x,x_0,\cdots,x_n]\omega(x), \tag{3.22}$$

即为 **Newton** 插值公式的余项.

定理 3.3 若 $f^{(n)}(x)$ 在区间 $[a,b]$ 上连续,则 $f[x_0,x_1,\cdots,x_n] = \dfrac{f^{(n)}(\xi)}{n!}, \xi \in (a,b)$.

证明 Newton 插值公式的余项为 $R_n(x) = f[x_0,x_1,\cdots,x_n,x]\omega(x)$,由插值多项式唯一性知,此处的插值余项与 Lagrange 插值多项式的余项(3.20)应该是等价的,因此 $R_n(x) = f[x_0,x_1,\cdots,x_n,x]\omega(x) = \dfrac{f^{(n+1)}(\xi)}{(n+1)!}\omega(x)$,从而有 $f[x_0,x_1,\cdots,x_n,x] = \dfrac{f^{(n+1)}(\xi)}{(n+1)!}, \xi$ 介于 $x_0,x_1,\cdots,x_n,x$ 之间,故而有 $f[x_0,x_1,\cdots,x_n] = \dfrac{f^{(n)}(\xi)}{n!}, \xi$ 介于 $x_0,x_1,\cdots,x_n$ 之间.

例 12 已知 $f(x) = x^4 - 5x - 1$,求差商 $f[2^0,2^1,2^2,2^3,2^4]$ 和 $f[2^0,2^1,2^2,2^3,2^4,2^5]$ 的值.

解 由定理 3.3 得
$$f[2^0,2^1,2^2,2^3,2^4] = \dfrac{f^{(4)}(\xi)}{4!} = 1,$$
$$f[2^0,2^1,2^2,2^3,2^4,2^5] = \dfrac{f^{(5)}(\xi)}{5!} = 0.$$

3.4.3 反插值

例 13 用下表中的数据求方程 $x - e^{-x} = 0$ 的近似解.

x	0.3	0.4	0.5	0.6
e^{-x}	0.740818	0.670320	0.606531	0.548812

解 记函数 $y = x - e^{-x}$,由于 $y' = 1 + e^{-x} > 0$,即函数 $y = x - e^{-x}$ 单调递增,由

$y = x - e^{-x}$	-0.440818	-0.270320	-0.106531	0.051188
x	0.3	0.4	0.5	0.6

建立差商表：

$y=x-e^{-x}$	x	一阶差商	二阶差商	三阶差商
-0.440818	0.3			
-0.270320	0.4	0.586517		
-0.106531	0.5	0.610542	0.071869	
0.051188	0.6	0.634039	0.073084	0.002469

所以
$$N_3(y)=0.3+0.586517(y+0.440818)+0.071869(y+0.440818)(y+0.270320)$$
$$+0.002469(y+0.440818)(y+0.270320)(y+0.106531),$$
所以方程 $x-e^{-x}=0$ 的近似解为 $x\approx N_3(0)=0.567143$.

§3.5 有限差分计算

3.5.1 向前差分

设函数 $y=f(x)$ 在节点 $x_j=x_0+jh(j=0,1,2,\cdots,n)$ 上的函数值 $f(x_j)$ 已知，其中 h 为常数，称为步长.

定义 3.4 称函数 $f(x)$ 在 $[x_j,x_{j+1}]$ 上的变化 $f(x_{j+1})-f(x_j)$ 为 $f(x)$ 在 x_j 上以 h 为步长的**一阶向前差分**，记作
$$\Delta f(x_j)=f(x_{j+1})-f(x_j)$$
或
$$\Delta f(x_0+jh)=f[x_0+(j+1)h]-f(x_0+jh),$$
二阶向前差分定义为
$$\Delta^2 f(x_j)=\Delta f(x_{j+1})-\Delta f(x_j)=f(x_{j+2})-2f(x_{j+1})+f(x_j),$$
n **阶向前差分**定义为 $\Delta^n f(x_j)=\Delta^{n-1}f(x_{j+1})-\Delta^{n-1}f(x_j)$.

例如，由定义 3.4 可得
$$\Delta f(x_0)=f(x_1)-f(x_0),\quad \Delta^2 f(x_0)=f(x_2)-2f(x_1)+f(x_0),$$
$$\Delta^3 f(x_0)=f(x_3)-3f(x_2)+3f(x_1)-f(x_0).$$
一般地，由 $f(x)$ 的 $m-1$ 阶差分可定义 $f(x)$ 的 m 阶向前差分，即
$$\Delta^m f(x)=\Delta^{m-1}(\Delta f(x))=\Delta^{m-1}(f(x+h)-f(x))=\Delta^{m-1}f(x+h)-\Delta^{m-1}f(x),$$
称为 $f(x)$ 的 m 阶向前差分（m 为正整数）.

向前差分具有以下性质：

(1) 常数的差分等于零，即若 $f(x)\equiv c$，则 $\Delta f(x)=f(x+h)-f(x)=0$.

(2) 常数因子可提到差分号外，即 $\Delta kf(x)=kf(x+h)-kf(x)=k\Delta f(x)$.

(3) 若 $f(x)=\sum_{i=1}^{k}c_i\varphi_i(x)$，则 $\Delta^n f(x)=\sum_{i=1}^{k}c_i\Delta^n\varphi_i(x)$.

(4) 若 $f(x) = \varphi(x)\phi(x)$，则 $\Delta^n f(x_0) = \sum_{i=0}^{n} C_n^i \Delta^i \varphi(x_0) \Delta^{n-i} \phi(x_0 + ih)$.

(5) $\Delta^p \Delta^q f(x_0) = \Delta^{p+q} f(x_0)$.

另外，还有不变算子和位移算子，**不变算子**（或称单位算子）定义为 $If(x_j) = f(x_j)$，**位移算子**定义为 $Ef(x_j) = f(x_{j+1})$，由向前差分、不变算子和位移算子的定义得

$$\Delta f(x_j) = f(x_{j+1}) - f(x_j) = Ef(x_j) - If(x_j) = (E - I)f(x_j),$$

故而 $\Delta = E - I$.

3.5.2 差商、差分和导数的关系

定理 3.4 在等距节点的情况下，有

$$f[x_0, x_1, \cdots, x_n] = \frac{\Delta^n f(x_0)}{h^n n!}. \tag{3.23}$$

证明 当 $n = 1$ 时，$f[x_0, x_1] = \frac{f(x_1) - f(x_0)}{x_1 - x_0} = \frac{1}{h}\Delta f(x_0)$，定理成立. 假设 $n = m - 1$ 时成立，考虑 $n = m$ 的情况，即

$$f[x_0, x_1, \cdots, x_{m-1}, x_m] = \frac{f[x_1, x_2, \cdots, x_m] - f[x_0, x_1, \cdots, x_{m-1}]}{x_m - x_0},$$

但 $x_m - x_0 = mh$，按归纳法假设有

$$f[x_1, x_2, \cdots, x_m] = \frac{\Delta^{m-1} f(x_1)}{h^{m-1}(m-1)!}, \quad f[x_0, x_1, \cdots, x_{m-1}] = \frac{\Delta^{m-1} f(x_0)}{h^{m-1}(m-1)!},$$

代入得 $f[x_0, x_1, \cdots, x_{m-1}, x_m] = \frac{\Delta^{m-1} f(x_1) - \Delta^{m-1} f(x_0)}{mh h^{m-1}(m-1)!} = \frac{\Delta^m f(x_0)}{m! \ h^m}$，从而 $n = m$ 时成立.

推论 3.1 (1) 由于 $f[x_0, x_1, \cdots, x_n] = \frac{f^{(n)}(\xi)}{n!}$，故而有 $\frac{\Delta^n f(x_0)}{h^n} = f^{(n)}(\xi)$.

(2) 当插值节点等距时，n 次 Newton 插值多项式 $N_n(x)$ 可以写成

$$N_n(x) = f_0 + \frac{\Delta f_0}{h}(x - x_0) + \frac{\Delta^2 f_0}{2h^2}(x - x_0)(x - x_1) + \cdots$$

$$+ \frac{\Delta^n f_0}{h^n n!}(x - x_0)(x - x_1) \cdots (x - x_{n-1}).$$

同样地，可以构造如下差分表，如表 3-2 所示.

表 3-2 差分表

x	y	Δy	$\Delta^2 y$	$\Delta^3 y$	$\Delta^4 y$
x_0	y_0				
x_1	y_1	Δy_0			
x_2	y_2	Δy_1	$\Delta^2 y_0$		
x_3	y_3	Δy_2	$\Delta^2 y_1$	$\Delta^3 y_0$	
x_4	y_4	Δy_3	$\Delta^2 y_2$	$\Delta^3 y_1$	$\Delta^4 y_0$

例 14 有函数表如下,求 $f(0.54)$ 的近似值.

x	0.5	0.6	0.7	0.8
y	0.4794	0.5646	0.6442	0.7174

解 构造差分表:

x	y	Δy	$\Delta^2 y$	$\Delta^3 y$
0.5	0.4794			
0.6	0.5646	0.0852		
0.7	0.6442	0.0796	-0.0056	
0.8	0.7174	0.0732	-0.0064	-0.0008

要求 $f(0.54)$,则 $x = 0.54 = 0.5 + nh, h = 0.1$,故 $n = 0.4$,所以有

$$f(0.54) = 0.4794 + n \times 0.0852 - 0.0056 \times \frac{n(n-1)}{2!} - 0.0008 \times \frac{n(n-1)(n-2)}{3!}$$

$$= 0.4794 + 0.03408 + 0.000672$$

$$= 0.5142.$$

3.5.3 向后差分与中心差分

本节引入如下算子:∇ 称为**向后差分算子**,δ 称为**中心差分算子**,I 称为**单位算子**或**不变算子**,E 称为**位移算子**.

1. 向后差分

$\nabla f(x_j) = f(x_j) - f(x_{j-1})$,其中 $x_{j-1} = x_j - h$;

$\nabla^2 f(x_j) = \nabla f(x_j) - \nabla f(x_{j-1}) = f(x_j) - 2f(x_{j-1}) + f(x_{j-2})$;

$\nabla^n f(x_j) = \nabla(\nabla^{n-1} f(x_j)) = \nabla^{n-1} f(x_j) - \nabla^{n-1} f(x_{j-1})$.

由向后差分定义得

$\nabla f(x_j) = f(x_j) - f(x_{j-1}) = h f[x_j, x_{j-1}]$,

$\nabla^2 f(x_j) = \nabla f(x_j) - \nabla f(x_{j-1}) = h f[x_j, x_{j-1}] - h f[x_{j-1}, x_{j-2}] = 2 h^2 f[x_j, x_{j-1}, x_{j-2}]$,

$\nabla^n f(x_j) = n! h^n f[x_j, x_{j-1}, \cdots, x_{j-n}]$,

从而有

$$f[x_j, x_{j-1}, \cdots, x_{j-n}] = \frac{\nabla^n f(x_j)}{n! h^n}. \tag{3.24}$$

2. 中心差分

$\delta f(x_j) = f(x_{j+0.5}) - f(x_{j-0.5})$,其中 $x_{j \pm 0.5} = x_j \pm 0.5h$;

$\delta^2 f(x_j) = \delta f(x_{j+0.5}) - \delta f(x_{j-0.5}) = f(x_{j+1}) - 2f(x_j) + f(x_{j-1})$.

3. 单位算子、位移算子

单位算子 $If(x_j) = f(x_j)$,位移算子 $Ef(x_j) = f(x_{j+1})$,向前差分算子与单位算子和位移

算子的关系是 $\Delta f(x_j) = f(x_{j+1}) - f(x_j) = Ef(x_j) - If(x_j)$，故而有 $\Delta = E - I$ 或 $E = \Delta + I$. 若 $AB = BA = I$，则称 B 为 A 的逆算子，记为 $B = A^{-1}$，显然有 $\Delta = E - I$ 和 $\nabla = I - E^{-1}$. 由 $\nabla f(x_j) = f(x_j) - f(x_{j-1}) = If(x_j) - E^{-1}f(x_j)$，得向后差分算子与单位算子和位移算子的关系是 $\nabla = I - E^{-1}$ 或 $E = (I - \nabla)^{-1}$. 对于中心差分算子和位移算子之间的关系，我们有 $\delta f(x_j) = f(x_{j+0.5}) - f(x_{j-0.5}) = E^{\frac{1}{2}}f(x_j) - E^{-\frac{1}{2}}f(x_j)$，故而 $\delta = E^{\frac{1}{2}} - E^{-\frac{1}{2}}$.

4. 常用的公式

(1) 一般对于足够光滑的 $f(x)$，有
$$Ef(x) = f(x+h) = f(x) + hf'(x) + \frac{h^2}{2!}f''(x) + \cdots + \frac{h^n}{n!}f^{(n)}(x) + \cdots$$
$$= \left[1 + h\left(\frac{d}{dx}\right) + \frac{1}{2!}\left(h\frac{d}{dx}\right)^2 + \cdots + \frac{1}{n!}\left(h\frac{d}{dx}\right)^n + \cdots\right]f(x)$$
$$= e^{h\frac{d}{dx}}f(x),$$

故而 $E = e^{h\frac{d}{dx}}$，进一步有 $h\frac{d}{dx} = \ln E = \ln(I + \Delta) = \Delta - \frac{\Delta^2}{2} + \frac{\Delta^3}{3} - \cdots$.

(2) $f(x_{k+n}) = E^n f(x_k) = (I + \Delta)^n f(x_k) = \sum_{j=0}^{n} C_n^j \Delta^j f(x_k)$.

(3) $\Delta^n f(x_k) = (E - I)^n f(x_k) = \sum_{j=0}^{n} (-1)^j C_n^j f(x_{n+k-j})$.

(4) $\nabla^n f(x_k) = (I - E^{-1})^n f(x_k) = \sum_{j=0}^{n} (-1)^{n-j} C_n^j f(x_{k+j-n})$.

§3.6 等距节点上的插值公式

3.6.1 Newton 向前插值多项式

今考虑 Newton 插值公式 (3.19)：
$$N_n(x) = f(x_0) + f[x_0, x_1](x - x_0) + f[x_0, x_1, x_2](x - x_0)(x - x_1) + \cdots$$
$$+ f[x_0, x_1, \cdots, x_n](x - x_0)(x - x_1) \cdots (x - x_{n-1}),$$

由于节点 $x_k = x_0 + kh (k = 0, 1, \cdots, n)$ 为等距节点，假设要计算 x_0 点附近某点的值，令 $x = x_0 + th$，显然有 $0 \le t \le 1$，则得 $\omega(x) = (x - x_0)(x - x_1) \cdots (x - x_k) = t(t-1) \cdots (t-k)h^{k+1}$，由定理 3.4 差商与差分的关系，可得所求等距节点插值公式

$$N_n(x_0 + th) = f_0 + t\Delta f_0 + \frac{t(t-1)}{2!}\Delta^2 f_0 + \cdots + \frac{t(t-1)\cdots(t-n+1)}{n!}\Delta^n f_0. \quad (3.25)$$

(3.25) 式称为 **Newton 前插公式**，余项为 $R_n(x) = \frac{t(t-1)\cdots(t-n)}{(n+1)!}h^{n+1}f^{(n+1)}(\xi), \xi \in (x_0, x_n)$.

3.6.2 Newton 向后插值多项式

若要求 x_n 附近某点的值,先将 Newton 插值多项式按 $x_n, x_{n-1}, \cdots, x_1, x_0$ 的次序改写为如下形式:

$$N_n(x) = f(x_n) + f[x_n, x_{n-1}](x - x_n) + f[x_n, x_{n-1}, x_{n-2}](x - x_n)(x - x_{n-1}) + \cdots$$
$$+ f[x_n, x_{n-1}, \cdots, x_0](x - x_n)(x - x_{n-1})\cdots(x - x_1).$$

令 $x = x_n + th$,显然有 $-1 \leq t \leq 0$,由差商与差分的关系(3.24),得

$$N_n(x_n + th) = f_n + t\nabla f_n + \frac{t(t+1)}{2!}\nabla^2 f_n + \cdots + \frac{t(t+1)\cdots(t+n-1)}{n!}\nabla^n f_0. \quad (3.26)$$

(3.26)式称为 **Newton 后插公式**,余项为 $R_n(x) = \dfrac{f^{(n+1)}(\xi)}{(n+1)!}t(t+1)\cdots(t+n)h^{n+1}, \xi \in (x_0, x_n).$
向前插值公式和向后插值公式只是形式上的不同,对于同一点 x,计算结果是一样的.

例 15 已知函数 $y = f(x)$ 的数值表如下,试分别求出 $f(x)$ 的三次 Newton 向前和向后插值公式,并分别计算 $x = 0.5$ 和 $x = 2.5$ 时的近似值.

x	0	1	2	3
$f(x)$	1	2	17	64

解 构造向前和向后差分表:

x	f	$\Delta f(\nabla f)$	$\Delta^2 f(\nabla^2 f)$	$\Delta^3 f(\nabla^3 f)$
$x_0 = 0$	$f_0 = 1$			
		$\Delta f_0(\nabla f_1) = 1$		
$x_1 = 1$	$f_1 = 2$		$\Delta^2 f_0(\nabla^2 f_2) = 14$	
		$\Delta f_1(\nabla f_2) = 15$		$\Delta^3 f_0(\nabla^3 f_3) = 18$
$x_2 = 2$	$f_2 = 17$		$\Delta^2 f_1(\nabla^2 f_3) = 32$	
		$\Delta f_2(\nabla f_3) = 47$		
$x_3 = 3$	$f_3 = 64$			

三次 Newton 向前插值公式为

$$N_3(t) = y_0 + \frac{t}{1!}\Delta y_0 + \frac{t(t-1)}{2!}\Delta^2 y_0 + \frac{t(t-1)(t-2)}{3!}\Delta^3 y_0$$

$$= 1 + t + \frac{t(t-1)}{2!} \times 14 + \frac{t(t-1)(t-2)}{3!} \times 18$$

$$= 3t^3 - 2t^2 + 1.$$

由 $x = 0.5 = x_0 + th, h = 1, t = 0.5$,得 $f(0.5) \approx N_3(0.5) = 0.875.$

三次 Newton 向后插值公式为

$$N_3(t) = y_3 + \frac{t}{1!}\nabla y_3 + \frac{t(t+1)}{2!}\nabla^2 y_3 + \frac{t(t+1)(t+2)}{3!}\nabla^3 y_3$$
$$= 64 + 47t + \frac{t(t+1)}{2!} \times 32 + \frac{t(t+1)(t+2)}{3!} \times 18$$
$$= 3t^3 + 25t^2 + 69t + 64.$$

由 $x = 2.5 = x_3 + th, h = 1$ 得 $t = -0.5$，所以 $f(2.5) \approx N_3(-0.5) = 35.375$.

§3.7 Hermite 插值多项式

3.7.1 重节点差商

在某些实际问题中，希望近似多项式能更好地近似原来的函数 $f(x)$，即不但要求插值多项式 $P(x)$ 在节点上与 $f(x)$ 函数值相等，而且还要求 $P(x)$ 与 $f(x)$ 在节点上导数值相等，甚至要求高阶层数也相等，即提出 **Hermite 插值**问题。

Hermite 插值问题的提法是，给定 $y = f(x)$ 函数表及各阶导数表如下：

x	x_0	x_1	$\cdots$	x_n
$f(x)$	f_0	f_1	$\cdots$	f_n
$f^{(1)}(x)$	$f_0^{(1)}$	$f_1^{(1)}$	$\cdots$	$f_n^{(1)}$
$\vdots$	$\vdots$	$\vdots$		$\vdots$
$f^{(m_i-1)}(x)$	$f_0^{(m_0-1)}$	$f_1^{(m_1-1)}$	$\cdots$	$f_n^{(m_n-1)}$

其中 $x_i (i = 0, 1, \cdots, n)$ 互异，m_i 为正整数，记 $\sum_{i=0}^{n} m_i \equiv m + 1$，且

$$P^{(k)}(x_i) = f^{(k)}(x_i), \quad i = 0, 1, \cdots, n, \quad k = 0, 1, \cdots, m_i - 1, \qquad (3.27)$$

可以证明满足上述条件 (3.27) 的插值多项式 $P(x)$ 存在且唯一。

定义 3.5 若 $[a,b]$ 上的节点互异，根据差商定义，若 $f \in C'[a,b]$，则有

$$\lim_{x \to x_0} f[x_0, x] = \lim_{x \to x_0} \frac{f(x) - f(x_0)}{x - x_0} = f'(x_0).$$

定义重节点差商为 $f[x_0, x_0] = \lim_{x \to x_0} f[x_0, x] = f'(x_0)$，由于 $f[x_0, x_1, \cdots, x_n] = \frac{f^{(n)}(\xi)}{n!}$，其中 $\min(x_0, x_1, \cdots, x_n) \leq \xi \leq \max(x_0, x_1, \cdots, x_n)$，所以当 $x_i \to x_0 (i = 1, 2, \cdots, n)$ 时，有 $\xi \to x_0$，从而 $f[x_0, x_0, \cdots, x_0] = \frac{f^{(n)}(x_0)}{n!}$. 而 Newton 插值多项式为

$$N_n(x) = f(x_0) + f[x_0, x_1](x - x_0) + \cdots + f[x_0, x_1, \cdots, x_n](x - x_0)(x - x_1)\cdots(x - x_{n-1}),$$

若令 $x_i \to x_0 (i = 1, 2, \cdots, n)$，则得

$$P_n(x) = f(x_0) + f'(x_0)(x - x_0) + \cdots + \frac{f^{(n)}(x_0)}{n!}(x - x_0)^n,$$

即为 Taylor 多项式,余项 $R_n = \dfrac{f^{(n+1)}(\xi)}{(n+1)!}(x-x_0)^n$,故 Taylor 多项式是 Newton 插值多项式的**极限形式**.

重节点差商具有如下性质:

设 $f \in C^n[a,b]$,$[a,b]$ 上的节点为 $x_0 \leqslant x_1 \leqslant \cdots \leqslant x_n$,则有

$$f[x_0,x_1,\cdots,x_n] = \begin{cases} \dfrac{f[x_1,x_2,\cdots,x_n]-f[x_0,x_1,\cdots,x_{n-1}]}{x_n-x_0}, & x_n \neq x_0, \\ \dfrac{1}{n!}\cdot f^{(n)}(x_0), & x_n = x_0. \end{cases}$$

定理 3.5 设 $f \in C^{n+2}[a,b]$,$x_0,x_1,\cdots,x_n,x \in [a,b]$,则有

$$\frac{\mathrm{d}}{\mathrm{d}x}f[x_0,x_1,\cdots,x_n,x] = f[x_0,x_1,\cdots,x_n,x,x].$$

证明 (1) 先来证明 $f \in C^2[a,b]$ 时,有 $\dfrac{\mathrm{d}}{\mathrm{d}x}f[x_0,x] = f[x_0,x,x]$. 证明如下:

$$\begin{aligned}\frac{\mathrm{d}}{\mathrm{d}x}f[x_0,x] &= \lim_{h\to 0}\frac{f[x_0,x+h]-f[x_0,x]}{h} \\ &= \lim_{h\to 0}\frac{f[x_0,x+h]-f[x,x_0]}{x+h-x} \\ &= \lim_{h\to 0}f[x,x_0,x+h] \\ &= f[x,x_0,x] \\ &= f[x_0,x,x].\end{aligned}$$

(2) 仿照(1)中的证明,有

$$\begin{aligned}&\frac{\mathrm{d}}{\mathrm{d}x}f[x_0,x_1,\cdots,x_n,x] \\ &= \lim_{h\to 0}\frac{f[x_0,x_1,\cdots,x_n,x+h]-f[x_0,x_1,\cdots,x_n,x]}{h} \\ &= \lim_{h\to 0}\frac{f[x_0,x_1,\cdots,x_n,x+h]-f[x,x_0,x_1,\cdots,x_n]}{x+h-x} \\ &= \lim_{h\to 0}f[x,x_0,x_1,\cdots,x_n,x+h] \\ &= f[x_0,x_1,\cdots,x_n,x,x].\end{aligned}$$

3.7.2 Hermite 插值

这里我们先讨论一阶导数值相等的情形. 设在节点 $a \leqslant x_0 < x_1 < \cdots < x_n \leqslant b$ 上,条件 $y_j = f(x_j), m_j = f'(x_j)(j=0,1,\cdots,n)$ 已知,要求一个插值多项式 $H(x)$ 满足

$$H(x_j) = y_j, \quad H'(x_j) = m_j, \quad j = 0,1,\cdots,n, \tag{3.28}$$

这里共有 $2n+2$ 个条件,所以一共需要 $2n+2$ 个待定参数,从而可以确定一个不超过 $2n+1$ 次的多项式 $H_{2n+1}(x)$,其几何意义是求一条曲线 $y = H_{2n+1}(x)$ 使其与曲线 $y = f(x)$ 不但在节点处重合(函数值相等),而且在节点处有公切线(斜率相等).

关于 $H_{2n+1}(x)$ 的确定我们仍采用插值基函数的方法,设 $\alpha_j(x)$ 与 $\beta_j(x)$ ($j=0,1,\cdots,n$) 为插值基函数,共有 $2n+2$ 个,且每一个基函数都是 $2n+1$ 次多项式,那么 $\alpha_j(x)$ 与 $\beta_j(x)$ 应满足什么条件呢? 由插值条件(3.28)知 $\alpha_j(x)$ 与 $\beta_j(x)$ 应满足:

$$\alpha_j(x_k) = \begin{cases} 0, & j \neq k, \\ 1, & j = k, \end{cases} \quad \alpha'_j(x_k) = 0, \quad \beta_j(x_k) = 0, \quad \beta'_j(x_k) = \begin{cases} 0, & j \neq k, \\ 1, & j = k. \end{cases} \quad (3.29)$$

满足条件(3.28)的插值多项式的存在性以及 $\alpha_j(x)$ 与 $\beta_j(x)$ 的表达式和 $H_{2n+1}(x)$ 的表达式由以下定理给出.

定理 3.6 Hermite 插值问题(3.28)的解是存在且唯一的,并且有

$$H_{2n+1}(x) = \sum_{j=0}^{n} [y_j \alpha_j(x) + m_j \beta_j(x)], \quad (3.30)$$

其中 $\alpha_j(x) = \left[1 - 2(x - x_j) \sum_{k=0, k \neq j}^{n} \frac{1}{x_j - x_k}\right] l_j^2(x)$,$\beta_j(x) = (x - x_j) l_j^2(x)$,这里 $l_j(x) = \prod_{k=0, k \neq j}^{n} \frac{x - x_k}{x_j - x_k}$ 为 Lagrange 插值基函数,(3.30)式称为 **Hermite 插值多项式**.

证明 首先,由(3.30)式知,

$$H_{2n+1}(x_k) = \sum_{j=0}^{n} [y_j \alpha_j(x_k) + m_j \beta_j(x_k)] = y_k,$$

$$H'_{2n+1}(x_k) = \sum_{j=0}^{n} [y_j \alpha'_j(x_k) + m_j \beta'_j(x_k)] = m_k, \quad k = 0, 1, \cdots, n,$$

所以满足(3.29)的 $\alpha_j(x)$ 与 $\beta_j(x)$ 的线性组合(3.30)确实满足条件(3.28).

其次,求 $\alpha_j(x)$ 与 $\beta_j(x)$ 的表达式. 由于 $\alpha_j(x)$ 为 $2n+1$ 次多项式,又由条件(3.29),可设 $\alpha_j(x) = (ax + b) l_j^2(x)$,由于

$$1 = \alpha_j(x_j) = (ax_j + b) l_j^2(x_j) = ax_j + b$$

以及

$$0 = \alpha'_j(x_j) = a l_j^2(x_j) + 2(ax_j + b) l_j(x_j) l'_j(x_j) = a + 2(ax_j + b) l'_j(x_j),$$

解之得

$$a = -2 l'_j(x_j), \quad b = 1 + 2 x_j l'_j(x_j). \quad (3.31)$$

下面求 $l'_j(x_j)$,由于 $l_j(x) = \prod_{k=0, k \neq j}^{n} \frac{x - x_k}{x_j - x_k}$,两边取对数得

$$\ln l_j(x) = \sum_{k=0, k \neq j}^{n} \ln \frac{x - x_k}{x_j - x_k} = \sum_{k=0, k \neq j}^{n} \ln(x - x_k) - \sum_{k=0, k \neq j}^{n} \ln(x_j - x_k),$$

两端求导数得 $\dfrac{l'_j(x)}{l_j(x)} = \sum_{k=0, k \neq j}^{n} \dfrac{1}{x - x_k}$,令 $x = x_j$,得 $l'_j(x_j) = \sum_{k=0, k \neq j}^{n} \dfrac{1}{x_j - x_k}$,代入(3.31)式并整理得

$$\alpha_j(x) = \left[1 - 2(x - x_j) \sum_{k=0, k \neq j}^{n} \frac{1}{x_j - x_k}\right] l_j^2(x).$$

同理,令 $\beta_j(x) = A(x - x_j) l_j^2(x)$,由 $\beta'_j(x_j) = 1$,得 $A = 1$,所以得

$$\beta_j(x) = (x - x_j) l_j^2(x).$$

最后,证明 $H_{2n+1}(x)$ 的唯一性. 假设存在另一个 $\overline{H}_{2n+1}(x)$ 也满足条件(3.28),为此令 $\varphi(x) = H_{2n+1}(x) - \overline{H}_{2n+1}(x)$,则 $x_0, x_1, \cdots, x_n$ 均为 $\varphi(x)$ 的二重根,即 $\varphi(x)$ 共有 $2n+2$ 个根,但由于 $H_{2n+1}(x)$ 和 $\overline{H}_{2n+1}(x)$ 均为 $2n+1$ 次多项式,所以 $\varphi(x)$ 也必定是不超过 $2n+1$ 次的多项式,故而 $\varphi(x) = 0$.

定理 3.7 若 $f(x)$ 满足 $f^{(2n+1)}(x)$ 在 $[a,b]$ 上连续, $f^{(2n+2)}(x)$ 在 (a,b) 上存在,又已知 $x_0, x_1, \cdots, x_n$ 是 $n+1$ 个互异节点,则满足条件(3.28)的 Hermite 插值多项式的插值余项为

$$R(x) = f(x) - H_{2n+1}(x) = \frac{f^{(2n+2)}(\xi)}{(2n+2)!} \omega^2(x),$$

其中 $\xi \in (a,b)$ 与 x 有关.

特别地 $n=1$ 时,Hermite 插值问题变为求 $H_3(x)$ 满足 $H_3(x_0) = y_0$, $H_3(x_1) = y_1$, $H_3'(x_0) = m_0$, $H_3'(x_1) = m_1$, $\alpha_j(x)$ 与 $\beta_j(x)$ 满足:

$$\alpha_0(x_0) = 1, \quad \alpha_0(x_1) = 0, \quad \alpha_1(x_0) = 0, \quad \alpha_1(x_1) = 1,$$
$$\alpha_0'(x_0) = 0, \quad \alpha_0'(x_1) = 0, \quad \alpha_1'(x_0) = 0, \quad \alpha_1'(x_1) = 0,$$
$$\beta_0(x_0) = 0, \quad \beta_0(x_1) = 0, \quad \beta_1(x_0) = 0, \quad \beta_1(x_1) = 0,$$
$$\beta_0'(x_0) = 1, \quad \beta_0'(x_1) = 0, \quad \beta_1'(x_0) = 0, \quad \beta_1'(x_1) = 1,$$

则有 $H_3(x) = y_0 \alpha_0(x) + m_0 \beta_0(x) + y_1 \alpha_1(x) + m_1 \beta_1(x)$,其中

$$\alpha_0(x) = \left[1 - 2(x-x_0)\frac{1}{x_0-x_1}\right]\left(\frac{x-x_1}{x_0-x_1}\right)^2, \quad \beta_0(x) = (x-x_0)\left(\frac{x-x_1}{x_0-x_1}\right)^2,$$

$$\alpha_1(x) = \left[1 - 2(x-x_1)\frac{1}{x_1-x_0}\right]\left(\frac{x-x_0}{x_1-x_0}\right)^2, \quad \beta_1(x) = (x-x_1)\left(\frac{x-x_0}{x_1-x_0}\right)^2,$$

其余项为 $R_3(x) = \frac{f^{(4)}(\xi)}{4!}(x-x_0)^2(x-x_1)^2, \xi \in (x_0, x_1)$.

以上给出了 Hermite 插值问题的一般公式,但对具体问题往往不需完全按上述步骤,只要充分利用问题的特点,就可使求解过程简化.

例 16 求满足 $P(x_j) = f(x_j)(j=0,1,2)$ 及 $P'(x_1) = f'(x_1)$ 的插值多项式及其余项.

解 由已知条件,可以确定一个三次多项式,设

$$P(x) = f(x_0) + f[x_0, x_1](x-x_0) + f[x_0, x_1, x_2](x-x_0)(x-x_1) + A(x-x_0)(x-x_1)(x-x_2),$$

其中 A 为待定参数,由 $P'(x_1) = f'(x_1)$,求导数并代入 x_1 即得

$$A = \frac{f'(x_1) - f[x_0, x_1] - (x_1-x_0)f[x_0, x_1, x_2]}{(x_1-x_0)(x_1-x_2)}.$$

以下求余项 $R(x) = f(x) - P(x)$. 由于 x_0, x_1, x_2 都是 $R(x)$ 的零点,并且 x_1 是它的一个二重零点,所以设 $R(x) = k(x)(x-x_0)(x-x_1)^2(x-x_2)$,其中 $k(x)$ 为待定函数,同证明 Lagrange 插值多项式的余项一样,将 x 看成固定的点,引入辅助函数

$$\varphi(t) = f(t) - p(t) - k(x)(t-x_0)(t-x_1)^2(t-x_2),$$

由于 x, x_0, x_1, x_2 都是 $\varphi(t)$ 的零点,并且 x_1 是它的一个二重零点,所以 $\varphi(t)$ 共有 5 个零点,由 Rolle 定理知, $\varphi'(t)$ 有 4 个零点,反复用 Rolle 定理知 $\varphi^{(4)}(t)$ 在 (x_0, x_2) 内至少有一

个零点,记为 ξ,故有 $\varphi^{(4)}(\xi) = f^{(4)}(\xi) - k(x)4! = 0$,得 $k(x) = \dfrac{f^{(4)}(\xi)}{4!}$,所以得余项为

$$R(x) = \dfrac{f^{(4)}(\xi)}{4!}(x-x_0)(x-x_1)^2(x-x_2).$$

3.7.3 Newton 形式的 Hermite 插值多项式

考虑 $f(x)$ 在相异节点 $z_0, z_1, \cdots, z_{2n+1} \in [a,b]$ 上的 Newton 插值多项式:

$$N_{2n+1}(x) = f(z_0) + f[z_0, z_1](x-z_0) + f[z_0, z_1, z_2](x-z_0)(x-z_1) + \cdots$$
$$+ f[z_0, z_1, \cdots, z_{2n+1}](x-z_0)(x-z_1)\cdots(x-z_{2n}),$$

令 $z_{2i}, z_{2i+1} \to x_i$, $i = 0, 1, \cdots, n$,则

$$N_{2n+1}(x) = f(x_0) + f[x_0, x_0](x-x_0) + f[x_0, x_0, x_1](x-x_0)^2$$
$$+ f[x_0, x_0, x_1, x_2](x-x_0)^2(x-x_1) + \cdots.$$

例 17 给定函数 $f(x) = x^{\frac{3}{2}}$,选取三个点 $x_0 = \dfrac{1}{4}$, $x_1 = 1$, $x_2 = \dfrac{9}{4}$,试求 $f(x)$ 在 $\left[\dfrac{1}{4}, \dfrac{9}{4}\right]$ 上的三次 Hermite 插值多项式 $p(x)$,使它满足 $p(x_i) = f(x_i)$ ($i = 0,1,2$) 且 $p'(x_1) = f'(x_1)$.

解 由 $f_0 = f\left(\dfrac{1}{4}\right) = \dfrac{1}{8}$, $f_1 = f(1) = 1$, $f_2 = f\left(\dfrac{9}{4}\right) = \dfrac{27}{8}$, $f'(x) = \dfrac{3}{2}x^{\frac{1}{2}}$, $f'(x_1) = f'(1) = \dfrac{3}{2}$,利用牛顿差商值:

x	$f(x)$	一阶	二阶
$\dfrac{1}{4}$	$\dfrac{1}{8}$		
1	1	$\dfrac{7}{6}$	
$\dfrac{9}{4}$	$\dfrac{27}{8}$	$\dfrac{19}{10}$	$\dfrac{11}{30}$

故可令

$$p(x) = \dfrac{1}{8} + \dfrac{7}{6}\left(x-\dfrac{1}{4}\right) + \dfrac{11}{30}\left(x-\dfrac{1}{4}\right)(x-1) + A\left(x-\dfrac{1}{4}\right)(x-1)\left(x-\dfrac{9}{4}\right),$$

再由条件 $p'(1) = f'(1) = \dfrac{3}{2}$,可得 $A = -\dfrac{14}{225}$,于是所求的三次 Hermite 插值多项式为

$$p(x) = -\dfrac{14}{225}x^3 + \dfrac{263}{450}x^2 + \dfrac{233}{450}x - \dfrac{1}{25}.$$

例 18 求一个次数不高于三次的多项式 $p(x)$,满足条件 $p(1) = 2$, $p(2) = 4$, $p(3) = 12$, $p'(2) = 3$.

解 满足条件 $p(1) = 2$, $p(2) = 4$ 和 $p(3) = 12$ 的二次 Lagrange 多项式为 $3x^2 - 7x + 6$,令

$$p(x) = 3x^2 - 7x + 6 + A(x-1)(x-2)(x-3),$$

由 $p'(2) = 3$,得 $A = 2$,故满足条件的三次多项式为 $p(x) = 2x^3 - 9x^2 + 15x - 6$.

另解:利用重节点差商,构造如下差商表:

x	$f(x)$	一阶	二阶	三阶
1	2			
2	4	2		
2	4	3	1	
3	12	8	5	2

从而满足已知条件的三次多项式为
$$p(x) = 2 + 2(x-1) + (x-1)(x-2) + 2(x-1)(x-2)^2 = 2x^3 - 9x^2 + 15x - 6.$$

3.7.4 两个典型的 Hermite 插值

考虑如下两个典型的 Hermite 插值:

(1) $p(x_0) = f(x_0), p(x_1) = f(x_1), p'(x_0) = f'(x_0), p'(x_1) = f'(x_1)$.

构造差商表如下:

x	$f(x)$	一阶	二阶	三阶
x_0	$f(x_0)$			
x_0	$f(x_0)$	$f'(x_0)$		
x_1	$f(x_1)$	$f[x_0,x_1]$	$\dfrac{f[x_0,x_1]-f'(x_0)}{x_1-x_0}$	
x_1	$f(x_1)$	$f'(x_1)$	$\dfrac{f'(x_1)-f[x_0,x_1]}{x_1-x_0}$	$\dfrac{f'(x_1)-2f[x_0,x_1]+f'(x_0)}{(x_1-x_0)^2}$

于是
$$p(x) = f(x_0) + f'(x_0)(x-x_0) + \frac{f[x_0,x_1]-f'(x_0)}{x_1-x_0}(x-x_0)^2$$
$$+ \frac{f'(x_1)-2f[x_0,x_1]+f'(x_0)}{(x_1-x_0)^2}(x-x_0)^2(x-x_1).$$

例 19 对于 $p(1) = 1, p(2) = 1.1486984, p'(1) = 0.2, p'(2) = 0.1148698$,求插值多项式.

解 构造差商表:

x	$f(x)$	一阶	二阶	三阶
1	1			
1	1	0.2		
2	1.1486984	0.1486984	-0.0513016	
2	1.1486984	0.1148698	-0.0338286	0.0174730

于是

$$p(x) = 1 + 0.2(x-1) - 0.0513016(x-1)^2 + 0.0174730(x-1)^2(x-2).$$

(2) $p(x_0) = f(x_0), p(x_1) = f(x_1), p'(x_0) = f'(x_0), p''(x_0) = f''(x_0).$

构造差商表：

x	$f(x)$	一阶	二阶	三阶
x_0	$f(x_0)$			
x_0	$f(x_0)$	$f'(x_0)$		
x_0	$f(x_0)$	$f'(x_0)$	$\dfrac{f''(x_0)}{2!}$	
x_1	$f(x_1)$	$f[x_0, x_1]$	$\dfrac{f[x_0,x_1] - f'(x_0)}{x_1 - x_0}$	$\dfrac{\dfrac{f[x_0,x_1]-f'(x_0)}{x_1-x_0} - \dfrac{f''(x_0)}{2!}}{x_1 - x_0}$

于是

$$p(x) = f(x_0) + f'(x_0)(x - x_0) + \frac{f''(x_0)}{2!}(x-x_0)^2 + \frac{\dfrac{f[x_0,x_1]-f'(x_0)}{x_1-x_0} - \dfrac{f''(x_0)}{2!}}{x_1 - x_0}(x - x_0)^3.$$

例 20 对于 $p(1) = 1, p(2) = 1.1486984, p'(1) = 0.2, p''(1) = -\dfrac{4}{25}$，求插值多项式.

解 构造差商表：

x	$f(x)$	一阶	二阶	三阶
1	1			
1	1	0.2		
1	1	0.2	$-\dfrac{2}{25}$	
2	1.1486984	0.1486984	-0.0513016	0.0286984

故而插值多项式为

$$p(x) = 1 + 0.2(x-1) - \frac{2}{25}(x-1)^2 + 0.0286984(x-1)^3.$$

§3.8 分段低次插值

3.8.1 多项式插值的 Runge 现象

给定一组数据 $(x_i, y_i), i = 0, 1, 2, \cdots, n$，寻找自变量与因变量之间的函数关系. 对于这个问题,前面已经介绍了插值方法,但有一定的局限性.首先由于数据源是由测量或观测得到的,本身就有误差,而插值的主要特点就是一定要通过节点,所以从实际来看,要求近似函数一定要经过点(x_i, y_i)是不合理的;其次当 n 很大时采用插值法计算又很复杂,采用高阶插值多项式,近似程度不一定很好,有时还会出现 **Runge 现象**. 那么是否 p_n 的次数越高,多项式插值余项 $R_n(x) = f(x) - p_n(x) = \dfrac{f^{(n+1)}(\xi)}{(n+1)!}(x - x_0)(x - x_1)\cdots(x - x_n)$ 越小呢? 实际上并非如此,请看下例:

例 21 函数 $f(x) = \dfrac{1}{1 + 25x^2}, x \in [-1, 1]$ 连续,各阶导数均存在,在 $[-1, 1]$ 上 $x_i = -1 + \dfrac{2}{n}i, i = 0, 1, 2, \cdots, n, L_n(x) = \sum\limits_{i=0}^{n} \dfrac{1}{1 + 25x_i^2} \dfrac{\omega(x)}{(x - x_i)\omega'(x_i)}$,考虑 $n = 4, n = 8$ 和 $n = 12$ 三种情况,分析结果发现,在靠近 -1 或 1 时,余项会随着 n 的增大而很大,如图 3.1 所示. 从图 3.1 中还可看到在 0 附近插值效果是好的,即余项较小. 另一个现象是插值多项式随节点增多而振动更多,这种插值多项式当节点增加时反而不能更好地接近被插值函数的现象称为 **Runge 现象**.

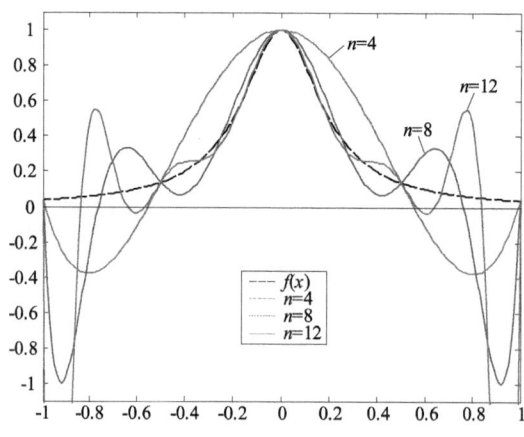

图 3.1 多项式插值 Runge 现象

3.8.2 分段线性插值

定义 3.6 设已知节点为 $a = x_0 < x_1 < \cdots < x_n = b$,相应的函数值为 $f_0, f_1, \cdots, f_n$,记 $h_k = x_{k+1} - x_k, h = \max\limits_{k}\{h_k\}$,求一函数 $I_h(x)$ 满足:

(1) $I_h(x) \in C[a, b]$;
(2) $I_h(x_k) = f_k, k = 0, 1, \cdots, n$;
(3) $I_h(x)$ 在每个小区间 $[x_k, x_{k+1}]$ 上是一个线性函数,

则称 $I_h(x)$ 为**分段线性插值函数**.

由条件(3)知,$I_h(x)$ 在区间 $[x_k, x_{k+1}]$ 上可以表示为

$$I_h(x) = \dfrac{x - x_{k+1}}{x_k - x_{k+1}} f_k + \dfrac{x - x_k}{x_{k+1} - x_k} f_{k+1}, \quad x \in [x_k, x_{k+1}]. \tag{3.32}$$

下面我们将构造 Lagrange 插值函数的方法加以推广,先在每个插值区间上构造出插值基函数 $l_k(x)$,然后再作它们的线性组合就得到 $x \in [a,b]$ 时 $I_h(x)$ 的表达式,即

$$I_h(x) = \sum_{j=0}^{n} l_j(x) f_j. \tag{3.33}$$

注意到插值基函数的特点,即 $l_j(x_k) = \begin{cases} 1, & j = k, \\ 0, & j \neq k, \end{cases}$ 有

$$l_0(x) = \begin{cases} \dfrac{x - x_1}{x_0 - x_1}, & x_0 \leq x \leq x_1, \\ 0, & x_1 < x \leq x_n, \end{cases} \tag{3.34}$$

$$l_n(x) = \begin{cases} \dfrac{x - x_{n-1}}{x_n - x_{n-1}}, & x_{n-1} \leq x \leq x_n, \\ 0, & x_0 \leq x < x_{n-1}. \end{cases} \tag{3.35}$$

接下来求当 $1 \leq j \leq n-1$ 时 $l_j(x)$ 的表达式,每个插值节点 x_j 担负着承前启后的作用,故而,当 $x_{j-1} \leq x \leq x_j$ 时,$l_j(x) = \dfrac{x - x_{j-1}}{x_j - x_{j-1}}$,当 $x_j \leq x \leq x_{j+1}$ 时,$l_j(x) = \dfrac{x - x_{j+1}}{x_j - x_{j+1}}$,所以得

$$l_j(x) = \begin{cases} \dfrac{x - x_{j-1}}{x_j - x_{j-1}}, & x \in [x_{j-1}, x_j], \\ \dfrac{x - x_{j+1}}{x_j - x_{j+1}}, & x \in [x_j, x_{j+1}], \\ 0, & x \in [a,b] \setminus [x_{j-1}, x_{j+1}], \end{cases} \quad 1 \leq j \leq n-1, \tag{3.36}$$

由(3.33)到(3.36)即可得到分段线性插值函数.

根据插值基函数 $l_j(x)$ 的表达式可以看出,只有 $x \in [x_{j-1}, x_{j+1}]$ 时才有 $l_j(x) \neq 0$,而在其他区间都等于 0,这个性质称为**局部非零性质**. 在(3.33)中,取 $f(x) = 1$,同样得到 $\sum_{j=0}^{n} l_j(x) = 1$,由局部非零性质知,实际上当 $x \in [x_k, x_{k+1}]$ 时,

$$\sum_{j=0}^{n} l_j(x) = l_k(x) + l_{k+1}(x) = 1,$$

所以有 $f(x) = [l_k(x) + l_{k+1}(x)] f(x)$,而此时插值函数为

$$I_h(x) = l_k(x) f_k + l_{k+1}(x) f_{k+1},$$

以下说明 $I_h(x)$ 逼近 $f(x)$,即 $I_h(x) \xrightarrow{h \to 0} f(x)$.

定理 3.8 假设 $f(x)$ 在 $[a,b]$ 上二阶导数连续,$I_h(x)$ 是按(3.33)到(3.36)构造的分段线性插值函数,则其余项为

$$|R(x)| = |I_h(x) - f(x)| \leq \frac{M_2}{8} h^2, \tag{3.37}$$

其中 $M_2 = \max\limits_{a \leq x \leq b} |f''(x)|$,$h = \max\limits_{k} \{h_k\}$.

证明 当 $x \in [x_k, x_{k+1}]$ 时,由线性插值的余项知 $|R_k(x)| \leq \dfrac{M}{8} h_k^2$,$M = \max\limits_{x_k \leq x \leq x_{k+1}} |f''(x)|$,

故 $x \in [a,b]$ 时, $|R(x)| = |I_h(x) - f(x)| \leq \max|R_k(x)| \leq \dfrac{M_2}{8}h^2$, 定理得证.

3.8.3 分段三次 Hermite 插值

由于上面的分段线性插值是用一族折线逼近函数 $f(x)$ 的,因此在节点上的导数往往是不存在的. 如果除要求在节点上的函数值相等外还要求导数值也相等,那么就可以构造出一个导数连续的分段函数 $I_h(x)$,它要求满足:

(1) $I_h(x) \in C'[a,b]$;

(2) $I_h(x_k) = f_k, I_h'(x_k) = f_k', k = 0,1,\cdots,n$;

(3) $I_h(x)$ 在每个小区间 $[x_k, x_{k+1}]$ 上是一个三次多项式,

则称 $I_h(x)$ 为**分段三次 Hermite 插值多项式**.

由 Hermite 插值多项式知,当 $n=1$ 时, $I_h(x)$ 在 $[x_k, x_{k+1}]$ 上的表达式为

$$I_h(x) = \left(\frac{x-x_{k+1}}{x_k - x_{k+1}}\right)^2 \left(1 + 2\frac{x-x_k}{x_{k+1}-x_k}\right) f_k + \left(\frac{x-x_k}{x_{k+1}-x_k}\right)^2 \left(1 + 2\frac{x-x_{k+1}}{x_k - x_{k+1}}\right) f_{k+1}$$
$$+ \left(\frac{x-x_{k+1}}{x_k - x_{k+1}}\right)^2 (x-x_k) f_k' + \left(\frac{x-x_k}{x_{k+1}-x_k}\right)^2 (x-x_{k+1}) f_{k+1}'. \tag{3.38}$$

构造 $[a,b]$ 上一组分段三次插值基函数 $\alpha_j(x)$ 和 $\beta_j(x)$ ($j = 0,1,\cdots,n$),有

$$\alpha_0(x) = \begin{cases} \left(1 + 2\dfrac{x-x_0}{x_1-x_0}\right)\left(\dfrac{x-x_1}{x_0-x_1}\right)^2, & x_0 \leq x \leq x_1, \\ 0, & x_1 < x \leq x_n, \end{cases}$$

$$\alpha_j(x) = \begin{cases} \left(1 + 2\dfrac{x-x_j}{x_{j-1}-x_j}\right)\left(\dfrac{x-x_{j-1}}{x_j-x_{j-1}}\right)^2, & x_{j-1} \leq x \leq x_j, \\ \left(1 + 2\dfrac{x-x_j}{x_{j+1}-x_j}\right)\left(\dfrac{x-x_{j+1}}{x_j-x_{j+1}}\right)^2, & x_j \leq x \leq x_{j+1}, \\ 0, & x \in [a,b] \setminus [x_{j-1}, x_{j+1}], \end{cases} \quad j = 1,2,\cdots,n-1,$$

$$\alpha_n(x) = \begin{cases} \left(1 + 2\dfrac{x-x_n}{x_{n-1}-x_n}\right)\left(\dfrac{x-x_{n-1}}{x_n-x_{n-1}}\right)^2, & x_{n-1} \leq x \leq x_n, \\ 0, & x_0 < x \leq x_{n-1}, \end{cases}$$

$$\beta_0(x) = \begin{cases} (x-x_0)\left(\dfrac{x-x_1}{x_0-x_1}\right)^2, & x_0 \leq x \leq x_1, \\ 0, & x_1 < x \leq x_n, \end{cases}$$

$$\beta_j(x) = \begin{cases} (x-x_j)\left(\dfrac{x-x_{j-1}}{x_j-x_{j-1}}\right)^2, & x_{j-1} \leq x \leq x_j, \\ (x-x_j)\left(\dfrac{x-x_{j+1}}{x_j-x_{j+1}}\right)^2, & x_j \leq x \leq x_{j+1}, \\ 0, & x \in [a,b] \setminus [x_{j-1}, x_{j+1}], \end{cases} \quad j = 1,2,\cdots,n-1,$$

$$\beta_n(x) = \begin{cases} (x-x_n)\left(\dfrac{x-x_{n-1}}{x_n-x_{n-1}}\right)^2, & x_{n-1} \leqslant x \leqslant x_n, \\ 0, & x_0 < x \leqslant x_{n-1}, \end{cases}$$

所以得

$$I_h(x) = \sum_{j=0}^{n} [\alpha_j(x)f_j + \beta_j(x)f_j']. \tag{3.39}$$

关于 $I_h(x)$ 的收敛性见以下定理:

定理 3.9 设 $I_h(x)$ 是 $a=x_0<x_1<\cdots<x_n=b$ 上的分段三次 Hermite 插值函数,且 $f(x) \in C^3[a,b]$,$f^{(4)}(x)$ 在 (a,b) 上存在,则对任意 $x \in [a,b]$,有

$$|R(x)| = |f(x) - I_h(x)| \leqslant \frac{M_4}{384} h^4,$$

其中 $h = \max_k \{h_k\}$,$M_4 = \max_{a \leqslant x \leqslant b} |f^{(4)}(x)|$.

证明 由于在每个小区间上 $I_h(x)$ 是一个三次 Hermite 插值多项式,故 $x \in [x_k, x_{k+1}]$ 时,其误差余项为

$$R(x) = \frac{f^{(4)}(\xi_k)}{4!}(x-x_k)^2(x-x_{k+1})^2, \quad \xi_k \in (x_k, x_{k+1}),$$

由于 $\max\limits_{x_k \leqslant x \leqslant x_{k+1}} \{(x-x_k)^2(x-x_{k+1})^2\} = \dfrac{h_k^4}{16}$,从而有 $\max\limits_{x_k \leqslant x \leqslant x_{k+1}} |R(x)| \leqslant \dfrac{h_k^4}{384} \max\limits_{x_k \leqslant x \leqslant x_{k+1}} |f^{(4)}(x)|$,

故当 $x \in [a,b]$ 时,有 $|R(x)| = |f(x) - I_h(x)| \leqslant \dfrac{M_4}{384} h^4$.

§3.9 三次 Spline 插值

在实际工程应用中,比如飞机机翼轮廓线、船体放样往往要求有二阶光滑度. 因此,我们需要做出光滑度较好而次数又不宜太高的插值多项式.

3.9.1 三次 Spline 插值问题的提法及常见边界条件

定义 3.7 已知节点 $a=x_0<x_1<\cdots<x_n=b$ 上的函数值为 $f(x_k)=y_k$ $(k=0,1,2,\cdots,n)$,若构造一个函数 $S(x)$ 满足下面三个条件:

(1) $S(x)$ 在每个小区间 $[x_k, x_{k+1}]$ $(k=0,1,2,\cdots,n-1)$ 上为三次多项式;

(2) $S(x)$ 在区间 (a,b) 上存在二阶连续导数;

(3) $S(x_k) = y_k$ $(k=0,1,2,\cdots,n-1)$,

则称 $S(x)$ 为在节点 $x_0, x_1, \cdots, x_n$ 上 $f(x)$ 的**三次 Spline 插值函数**.

按照定义,$S(x)$ 在每一个区间 $[x_k, x_{k+1}]$ $(k=0,1,2,\cdots,n-1)$ 上为三次多项式,可设为 $a_k x^3 + b_k x^2 + c_k x + d_k$,总共需要 $4n$ 个参数,由于 $S(x) \in C^2[a,b]$,说明 $S(x)$ 在每个内

节点 $x_1, x_2, \cdots, x_{n-1}$ 上满足下列**连续性条件**:

(1) 函数连续: $S(x_k^-) = S(x_k^+)$;

(2) 一阶导数连续: $S'(x_k^-) = S'(x_k^+)$;

(3) 二阶导数连续: $S''(x_k^-) = S''(x_k^+)$.

其中 $k = 1, 2, \cdots, n-1$, 共 $3n-3$ 个条件, 再加上给定 $n+1$ 个插值条件, 这样共有 $4n-2$ 个独立条件, 还需要补充两个条件. 在实际应用中, 通常在端点 x_0 和 x_n 处规定 $S(x)$ 满足某种边界条件:

(1) 第一种边界条件: $S'(x_0^+) = f'(x_0) = \alpha_1, S'(x_n^-) = f'(x_n) = \beta_1$.

(2) 第二种边界条件: $S''(x_0^+) = f''(x_0) = \alpha_2, S''(x_n^-) = f''(x_n) = \beta_2$, 特别当 $S''(x_0^+) = 0$ 和 $S''(x_n^-) = 0$ 时称为**自然边界条件**.

(3) 第三种边界条件: 当 $f(x)$ 是以 $b-a$ 为**周期**的函数, 即 $f(x_0) = f(x_n)$ 时, 边界条件为 $S'(x_0^+) = S'(x_n^-)$ 和 $S''(x_0^+) = S''(x_n^-)$.

例 22 已知函数 $f(x)$ 的三个函数值分别为 $f(-1) = 1, f(0) = 0, f(1) = 1$, 求函数 $f(x)$ 在区间 $[-1, 1]$ 上的三次自然 Spline 插值函数.

解 设所求函数为
$$S(x) = \begin{cases} a_1 x^3 + b_1 x^2 + c_1 x + d_1, & x \in [-1, 0], \\ a_2 x^3 + b_2 x^2 + c_2 x + d_2, & x \in [0, 1], \end{cases}$$

由插值条件和函数连续条件知
$$S(-1) = -a_1 + b_1 - c_1 + d_1 = 1, \quad S(0^-) = d_1 = 0,$$
$$S(0^+) = d_2 = 0, \quad S(1) = a_2 + b_2 + c_2 + d_2 = 1,$$

由自然边界条件得
$$S''(-1) = -6a_1 + 2b_1 = 0 \text{ 和 } S''(1) = 6a_2 + 2b_2 = 0,$$

在 $x = 0$ 处一阶导数和二阶导数连续得
$$S'(0^-) = S'(0^+), \quad S''(0^-) = S''(0^+), \quad c_1 = c_2, \quad 2b_1 = 2b_2,$$

联立解方程组得 $a_1 = -a_2 = \dfrac{1}{2}, b_1 = b_2 = \dfrac{3}{2}, c_1 = c_2 = d_1 = d_2 = 0$, 故三次自然 Spline 插值函数为
$$S(x) = \begin{cases} \dfrac{1}{2}x^3 + \dfrac{3}{2}x^2, & x \in [-1, 0], \\ -\dfrac{1}{2}x^3 + \dfrac{3}{2}x^2, & x \in [0, 1]. \end{cases}$$

3.9.2 三次 Spline 插值函数的求法

原则上讲, 可以利用 $S(x)$ 以及其一阶、二阶导数在节点上的连续性和插值条件与边界条件, 则可以列出含有 $4n$ 个未知数的线性方程组, 从而解这个方程组即可. 但是, 这种做法工作量太大, 以至于实际计算中很少用, 以下介绍两种行之有效的方法.

方法一: 利用节点处的一阶导数值来表示三次 Spline 插值函数

应该指出, 只要能求出 $S'(x)$ 在节点 $x_j (j = 0, 1, \cdots, n)$ 处的值 $S'(x_j) = m_j$, 再由

$S(x_j) = y_j$,则由分段三次 Hermite 插值多项式即可得到 $S(x) = \sum_{j=0}^{n}[y_j\alpha_j(x) + m_j\beta_j(x)]$,所以我们的主要问题是求 $m_j(j = 0,1,\cdots,n)$.

为求 m_j,要用 $S''(x_j - 0) = S''(x_j + 0)$,$j = 1,2,\cdots,n-1$. 先考虑 $x \in [x_j, x_{j+1}]$ 时,假设 m_j 已求出,由 Hermite 插值多项式(3.38)得

$$S(x) = \left(\frac{x - x_{j+1}}{x_j - x_{j+1}}\right)^2\left(1 + 2\frac{x - x_j}{x_{j+1} - x_j}\right)y_j + \left(\frac{x - x_j}{x_{j+1} - x_j}\right)^2\left(1 + 2\frac{x - x_{j+1}}{x_j - x_{j+1}}\right)y_{j+1}$$
$$+ \left(\frac{x - x_{j+1}}{x_j - x_{j+1}}\right)^2(x - x_j)m_j + \left(\frac{x - x_j}{x_{j+1} - x_j}\right)^2(x - x_{j+1})m_{j+1}. \qquad (3.40)$$

令 $h_j = x_{j+1} - x_j$,对(3.40)式求导两次得

$$S''(x) = \frac{6x - 2x_j - 4x_{j+1}}{h_j^2}m_j + \frac{6x - 4x_j - 2x_{j+1}}{h_j^2}m_{j+1} + \frac{6(x_j + x_{j+1} - 2x)}{h_j^3}(y_{j+1} - y_j),$$

令 $x \to x_j + 0$ 得

$$S''(x_j + 0) = -\frac{4}{h_j}m_j - \frac{2}{h_j}m_{j+1} + \frac{6}{h_j^2}(y_{j+1} - y_j). \qquad (3.41)$$

在(3.40)中以 $j-1$ 代 j,则得 $x \in [x_{j-1}, x_j]$ 时的 $S(x)$ 的表达式,同样求导两次得 $S''(x)$,再令 $x \to x_j - 0$ 得

$$S''(x_j - 0) = \frac{2}{h_{j-1}}m_{j-1} + \frac{4}{h_{j-1}}m_j - \frac{6}{h_{j-1}^2}(y_j - y_{j-1}). \qquad (3.42)$$

由 $S''(x_j - 0) = S''(x_j + 0)$,$j = 1,\cdots,n-1$,得

$$\frac{1}{h_{j-1}}m_{j-1} + 2\left(\frac{1}{h_{j-1}} + \frac{1}{h_j}\right)m_j + \frac{1}{h_j}m_{j+1} = 3\left(\frac{y_{j+1} - y_j}{h_j^2} + \frac{y_j - y_{j-1}}{h_{j-1}^2}\right), \qquad (3.43)$$

由于 $\frac{y_{j+1} - y_j}{h_j} = f[x_j, x_{j+1}]$,将(3.43)式两边同时除以 $\frac{1}{h_{j-1}} + \frac{1}{h_j}$,并令

$$\lambda_j = \frac{h_j}{h_{j-1} + h_j}, \quad \mu_j = \frac{h_{j-1}}{h_{j-1} + h_j}, \quad g_j = 3(\lambda_j f[x_{j-1}, x_j] + \mu_j f[x_j, x_{j+1}]), \quad j = 1,\cdots,n-1,$$

则(3.43)式变为

$$\lambda_j m_{j-1} + 2m_j + \mu_j m_{j+1} = g_j, \quad j = 1,\cdots,n-1. \qquad (3.44)$$

这是一个关于 $m_0, m_1, \cdots, m_n$ 的 $n+1$ 个未知数 $n-1$ 个方程的线性方程组,要解此方程组还需要两个方程,这由边界条件给出.

(1)第一种边界条件,由于 $m_0 = f_0'$ 和 $m_n = f_n'$ 已知,所以(3.44)式成为只含 $n-1$ 个未知数 $n-1$ 个方程的方程组,其形式为

$$\begin{bmatrix} 2 & \mu_1 & 0 & \cdots & 0 & 0 & 0 \\ \lambda_2 & 2 & \mu_2 & \cdots & 0 & 0 & 0 \\ 0 & \lambda_3 & 2 & \cdots & 0 & 0 & 0 \\ \vdots & \vdots & \vdots & & \vdots & \vdots & \vdots \\ 0 & 0 & 0 & \cdots & \lambda_{n-2} & 2 & \mu_{n-2} \\ 0 & 0 & 0 & \cdots & 0 & \lambda_{n-1} & 2 \end{bmatrix} \begin{bmatrix} m_1 \\ m_2 \\ m_3 \\ \vdots \\ m_{n-2} \\ m_{n-1} \end{bmatrix} = \begin{bmatrix} g_1 - \lambda_1 f_0' \\ g_2 \\ g_3 \\ \vdots \\ g_{n-2} \\ g_{n-1} - \mu_{n-1} f_n' \end{bmatrix}.$$

(2)第二种边界条件,$S''(x_0) = f_0''$,$S''(x_n) = f_n''$. 在(3.41)式中,取 $j = 0$ 得 $S''(x_0) = \dfrac{-4}{h_0}m_0 + \dfrac{-2}{h_0}m_1 + \dfrac{6}{h_0^2}[y_1 - y_0] = f_0''$,同除以 -2,并令

$$2m_0 + m_1 = 3f[x_0, x_1] - \frac{h_0}{2}f_0'' = g_0. \tag{3.45}$$

同理,可得 $S''(x_n)$ 的表达式,得另一方程

$$m_{n-1} + 2m_n = 3f[x_{n-1}, x_n] + \frac{h_{n-1}}{2}f_n'' = g_n. \tag{3.46}$$

由(3.44),(3.45)和(3.46)得方程组

$$\begin{bmatrix} 2 & 1 & 0 & \cdots & 0 & 0 & 0 \\ \lambda_1 & 2 & \mu_1 & \cdots & 0 & 0 & 0 \\ 0 & \lambda_2 & 2 & \cdots & 0 & 0 & 0 \\ \vdots & \vdots & \vdots & & \vdots & \vdots & \vdots \\ 0 & 0 & 0 & \cdots & \lambda_{n-1} & 2 & \mu_{n-1} \\ 0 & 0 & 0 & \cdots & 0 & 1 & 2 \end{bmatrix} \begin{bmatrix} m_0 \\ m_1 \\ m_2 \\ \vdots \\ m_{n-1} \\ m_n \end{bmatrix} = \begin{bmatrix} g_0 \\ g_1 \\ g_2 \\ \vdots \\ g_{n-1} \\ g_n \end{bmatrix}. \tag{3.47}$$

(3)第三种边界条件,由 $S'(x_0 + 0) = S'(x_n - 0)$,$S''(x_0 + 0) = S''(x_n - 0)$,知 $m_0 = m_n$,再由 $S''(x_0)$ 与 $S''(x_n)$ 的表达式得另一个方程

$$\frac{1}{h_0}m_1 + \frac{1}{h_{n-1}}m_{n-1} + 2\left(\frac{1}{h_0} + \frac{1}{h_{n-1}}\right)m_n = \frac{3}{h_0}f[x_0, x_1] + \frac{3}{h_{n-1}}f[x_{n-1}, x_n],$$

令 $\mu_n = \dfrac{h_{n-1}}{h_0 + h_{n-1}}$,$\lambda_n = \dfrac{h_0}{h_0 + h_{n-1}}$,$g_n = 3(\mu_n f[x_0, x_1] + \lambda f[x_{n-1}, x_n])$,则上式变为

$$\mu_n m_1 + \lambda_n m_{n-1} + 2m_n = g_n,$$

结合(3.44)式得方程组

$$\begin{bmatrix} 2 & \mu_1 & 0 & \cdots & 0 & 0 & \lambda_1 \\ \lambda_2 & 2 & \mu_2 & \cdots & 0 & 0 & 0 \\ 0 & \lambda_3 & 2 & \cdots & 0 & 0 & 0 \\ \vdots & \vdots & \vdots & & \vdots & \vdots & \vdots \\ 0 & 0 & 0 & \cdots & \lambda_{n-1} & 2 & \mu_{n-1} \\ \mu_n & 0 & 0 & \cdots & 0 & \lambda_n & 2 \end{bmatrix} \begin{bmatrix} m_1 \\ m_2 \\ m_3 \\ \vdots \\ m_{n-1} \\ m_n \end{bmatrix} = \begin{bmatrix} g_1 \\ g_2 \\ g_3 \\ \vdots \\ g_{n-1} \\ g_n \end{bmatrix}.$$

由以上分析可知,在三种边界条件下,都可以求出节点上的导数值 $m_0, m_1, \cdots, m_n$. 因为导数值在力学上解释为截面处的转角,所以上面的方程组称为**三转角方程**,且由于 $\lambda_j + \mu_j = 1$,对角线上的元素为 2,故为三对角占优矩阵,求解时可用追赶法解之.

方法二:利用节点处的二阶导数值来表示三次 Spline 插值函数

上面讲述了利用二阶导数 $S''(x)$ 在节点 $x_j (j = 0, 1, \cdots, n)$ 上的连续性以及边界条件列出求一阶导数 $m_0, m_1, \cdots, m_n$ 的线性方程组,由一阶导数值来确定 Spline 函数 $S(x)$,然而有时用 $S(x)$ 的二阶导数值 $M_j = S''(x_j) (j = 0, 1, \cdots, n)$ 来表示 $S(x)$ 可能更方便些,因为二阶导数值在力学上解释为截面处的弯矩,所以称为**三弯矩方程**.

假设 $S(x)$ 的二阶导数值 $M_j = S''(x_j)(j=0,1,\cdots,n)$ 已知,由于 $S''(x)$ 在 $[x_j, x_{j+1}]$ 上为一个线性函数,又知 $M_j = S''(x_j)$,$M_{j+1} = S''(x_{j+1})$,因此可由线性插值得到

$$S''(x) = \frac{x_{j+1} - x}{h_j} M_j + \frac{x - x_j}{h_j} M_{j+1}, \tag{3.48}$$

对(3.48)式连续积分两次,则得含有两个积分常数的 Spline 函数 $S(x)$,再由插值条件 $S(x_j) = y_j$,$S(x_{j+1}) = y_{j+1}$,即可确定这两个积分常数,从而得到区间 $[x_j, x_{j+1}]$ 上的用二阶导数值 M_j 表示的 Spline 函数 $S(x)$,即

$$S(x) = \frac{(x_{j+1}-x)^3}{6h_j} M_j + \frac{(x-x_j)^3}{6h_j} M_{j+1} + \left(y_j - \frac{M_j h_j^2}{6}\right) \frac{x_{j+1}-x}{h_j}$$
$$+ \left(y_{j+1} - \frac{M_{j+1} h_j^2}{6}\right) \frac{x-x_j}{h_j}, \quad j = 0, 1, \cdots, n-1. \tag{3.49}$$

由此可见只需得到 $S(x)$ 的二阶导数值 $M_j = S''(x_j)$,即可由(3.49)式求得 $S(x)$,以下研究如何求 M_j 的问题.

假设(3.49)式已知,对其求导数得

$$S'(x) = -M_j \frac{(x_{j+1}-x)^2}{2h_j} + M_{j+1} \frac{(x-x_j)^2}{2h_j} + \frac{y_{j+1}-y_j}{h_j} - \frac{M_{j+1}-M_j}{6} h_j, \tag{3.50}$$

令 $x \to x_j + 0$,得

$$S'(x_j + 0) = -M_j \frac{h_j}{3} - M_{j+1} \frac{h_j}{6} + \frac{y_{j+1}-y_j}{h_j}. \tag{3.51}$$

同理,可求得区间 $[x_{j-1}, x_j]$ 上的 $S(x)$,求导数并令 $x \to x_j - 0$,得到

$$S'(x_j - 0) = M_{j-1} \frac{h_{j-1}}{6} + M_j \frac{h_{j-1}}{3} + \frac{y_j - y_{j-1}}{h_{j-1}}. \tag{3.52}$$

由于 $S'(x_j + 0) = S'(x_j - 0)$,得

$$\mu_j M_{j-1} + 2M_j + \lambda_j M_{j+1} = d_j, \quad j = 1, \cdots, n-1, \tag{3.53}$$

其中的 λ_j 和 μ_j 同上,而 $d_j = 6 \frac{f[x_j, x_{j+1}] - f[x_{j-1}, x_j]}{h_{j-1} + h_j} = 6f[x_{j-1}, x_j, x_{j+1}]$,这同样是一个含有 $M_0, \cdots, M_n$ 共有 $n+1$ 个未知数而有 $n-1$ 个方程的方程组,要解之还需要两个边界条件.

(1)第一种边界条件,已知两端的一阶导数值 $S'(x_0) = f'_0$ 和 $S'(x_n) = f'_n$,在(3.51)式中令 $j=0$,得

$$-M_0 \frac{h_0}{3} - M_1 \frac{h_0}{6} + \frac{y_1 - y_0}{h_0} = f'_0, \tag{3.54}$$

在(3.52)式中令 $j=n$,得

$$M_{n-1} \frac{h_{n-1}}{6} + M_n \frac{h_{n-1}}{3} + \frac{y_n - y_{n-1}}{h_{n-1}} = f'_n. \tag{3.55}$$

由(3.54)和(3.55)得两个方程,从而得到以下方程组

$$\begin{bmatrix} 2 & 1 & 0 & \cdots & 0 & 0 & 0 \\ \mu_1 & 2 & \lambda_1 & \cdots & 0 & 0 & 0 \\ 0 & \mu_2 & 2 & \cdots & 0 & 0 & 0 \\ \vdots & \vdots & \vdots & & \vdots & \vdots & \vdots \\ 0 & 0 & 0 & \cdots & \mu_{n-1} & 2 & \lambda_{n-1} \\ 0 & 0 & 0 & \cdots & 0 & 1 & 2 \end{bmatrix} \begin{bmatrix} M_0 \\ M_1 \\ M_2 \\ \vdots \\ M_{n-1} \\ M_n \end{bmatrix} = \begin{bmatrix} d_0 \\ d_1 \\ d_2 \\ \vdots \\ d_{n-1} \\ d_n \end{bmatrix},$$

这里，$d_0 = \dfrac{6}{h_0}(f[x_0, x_1] - f_0')$，$d_n = \dfrac{6}{h_{n-1}}(f_n' - f[x_{n-1}, x_n])$.

（2）第二种边界条件，已知两端的二阶导数值 $S''(x_0) = f_0'' = M_0$ 和 $S''(x_n) = f_n'' = M_n$，代入（3.53）式，解 $n-1$ 阶方程组即可.

（3）第三种边界条件 $S'(x_0 + 0) = S'(x_n - 0)$ 和 $S''(x_0 + 0) = S''(x_n - 0)$，由（3.54）和（3.55）可得一个方程

$$\lambda_n M_1 + \mu_n M_{n-1} + 2M_n = d_n, \tag{3.56}$$

其中 $\lambda_n = \dfrac{h_0}{h_0 + h_{n-1}}$，$\mu_n = \dfrac{h_{n-1}}{h_0 + h_{n-1}}$，$d_n = \dfrac{6}{h_0 + h_{n-1}}(f[x_0, x_1] - f[x_{n-1}, x_n])$.

由 $S''(x_0 + 0) = S''(x_n - 0)$ 得

$$M_0 = M_n, \tag{3.57}$$

联合（3.53）即可得含有 $M_1, \cdots, M_n$ 的 n 个方程，解之即可.

例 23 求满足如下条件的三次 Spline 插值函数，其中边界条件为**自然边界条件**.

x	1	2	4	5
$f(x)$	1	3	4	2

解 因为边界条件为 $S''(x_0) = S''(x_n)$，故用节点上的二阶导数来表示 Spline 函数.
由 $h_j = x_{j+1} - x_j$ 得 $h_0 = 2 - 1 = 1$，$h_1 = 4 - 2 = 2$，$h_2 = 5 - 4 = 1$；
由 $\lambda_j = \dfrac{h_j}{h_{j-1} + h_j}$ 得 $\lambda_1 = \dfrac{2}{1+2} = \dfrac{2}{3}$，$\lambda_2 = \dfrac{1}{3}$，又由 $\mu_j = \dfrac{h_{j-1}}{h_{j-1} + h_j}$ 知 $\mu_1 = \dfrac{1}{3}$，$\mu_2 = \dfrac{2}{3}$；
再由 $d_j = 6 \dfrac{f[x_j, x_{j+1}] - f[x_{j-1}, x_j]}{h_{j-1} + h_j}$ 得 $d_1 = \dfrac{6}{3}\left(\dfrac{4-3}{4-2} - \dfrac{3-1}{2-1}\right) = -3$，同理，$d_2 = -5$.
由（3.53）式 $\mu_j M_{j-1} + 2M_j + \lambda_j M_{j+1} = d_j$，$j = 1, \cdots, n-1$，得方程组

$$\begin{cases} \dfrac{1}{3}M_0 + 2M_1 + \dfrac{2}{3}M_2 = -3, \\ \dfrac{2}{3}M_1 + 2M_2 + \dfrac{1}{3}M_3 = -5, \end{cases}$$

因为边界条件为 $S''(x_0) = S''(x_n) = 0$，即 $M_0 = M_3 = 0$，解之得 $M_1 = -\dfrac{3}{4}$，$M_2 = -\dfrac{9}{4}$，再由（3.49）式得 $S(x)$ 的表达式为

$$S(x) = \begin{cases} -\dfrac{1}{8}x^3 + \dfrac{3}{8}x^2 + \dfrac{7}{4}x - 1, & x \in [1, 4], \\ \dfrac{3}{8}x^3 - \dfrac{45}{8}x^2 + \dfrac{103}{4}x - 33, & x \in [4, 5]. \end{cases}$$

例24　求满足如下条件的三次 Spline 插值函数.

x	0	1	2	3
$f(x)$	0	2	3	6
$f'(x)$	1			0

解　由边界条件知，$m_0 = 1, m_3 = 0$，所以用节点上的一阶导数值表示 Spline 函数方便些，由 (3.44) 式易得方程组 $\begin{cases} \dfrac{1}{2} + 2m_1 + \dfrac{1}{2}m_2 = \dfrac{9}{2}, \\ \dfrac{1}{2}m_1 + 2m_2 + \dfrac{1}{2} \cdot 0 = 21, \end{cases}$ 解之得 $m_1 = -\dfrac{2}{3}, m_2 = \dfrac{32}{3}$，由 (3.40) 式得

$$S(x) = \begin{cases} -\dfrac{11}{3}x^3 + \dfrac{14}{3}x^2 + x, & x \in [0,1], \\ \dfrac{24}{3}x^3 - \dfrac{91}{3}x^2 + \dfrac{108}{3}x - \dfrac{35}{3}, & x \in [1,2], \\ -\dfrac{46}{3}x^3 + \dfrac{329}{3}x^2 - \dfrac{732}{3}x + \dfrac{525}{3}, & x \in [2,3]. \end{cases}$$

练习题 3

1. 设 $f \in C^2[a,b]$，试证：
$$\max_{a \le x \le b} \left| f(x) - \left[f(a) + \frac{f(b) - f(a)}{b - a}(x - a) \right] \right| \le \frac{1}{8}(b - a)^2 M_2, M_2 = \max_{a \le x \le b} |f''(x)|.$$

2. 若 $f(x) = x^7 + x^4 + 3x + 1$，求 $f[2^0, 2^1, \cdots, 2^7]$ 及 $f[2^0, 2^1, \cdots, 2^8]$.

3. 已知由数据 $(0,0), (0.5, \lambda), (1,3)$ 和 $(2,2)$ 构造出的三次插值多项式 $P_3(x)$ 的 x^3 的系数为 6，试确定数据 λ 的值.

4. 利用差分性质证明 $f(n) = 1^3 + 2^3 + \cdots + n^3 = \left[\dfrac{n(n+1)}{2}\right]^2$.

5. 若 $y_n = 2^n$，求 $\Delta^4 y_n$ 及 $\delta^4 y_n$.

6. 证明：

(1) $\Delta(f_k g_k) = f_k \Delta g_k + g_{k+1} \Delta f_k$；

(2) $\sum_{k=0}^{n-1} f_k \Delta g_k = f_n g_n - f_0 g_0 - \sum_{k=0}^{n-1} g_{k+1} \Delta f_k$；

(3) $\sum_{i=0}^{n-1} \Delta^2 y_i = \Delta y_n - \Delta y_0$.

7. 求一个次数不高于四次的多项式 $p(x)$，使它满足 $p(0) = p'(0) = 0, p(1) = p'(1) = 1, p(2) = 1$.

8. 试构造一个三次多项式 $p(x)$，使得 $p(0) = 0, p''(0) = 1, p(1) = 1, p'(1) = 2$.

9. 试构造一个三次多项式 $p(x)$,使得 $p(1)=1, p'(1)=0.5, p(2)=2.5, p'(2)=0.8$.

10. 根据下列数据表建立次数不超过三次的插值多项式及其余项.

x	0	1	2
y	1	2	9
y'		3	

11. 作一个五次多项式,使得 $f(1)=3, f(2)=-1$,且满足 $f(4)=3, f'(1)=2, f'(2)=1, f''(2)=2$.

12. 根据资料记载,某地某年间隔 30 天的日出日落时间如下,请问:这一年中哪一天的白天最长?

日期	5月1日	5月31日	6月30日
日出时间	4:51	4:17	4:16
日落时间	19:04	19:38	19:50

13. 已知函数 $f(x)$ 的三个函数值分别为 $f(-1)=1, f(0)=2, f(1)=-1$,求函数 $f(x)$ 在区间 $[-1,1]$ 上的三次自然 Spline 插值函数.

14. 确定 a,b,c 使

$$S(x) = \begin{cases} x^3, & x \in [0,1], \\ \frac{1}{2}(x-1)^3 + a(x-1)^2 + b(x-1) + c, & x \in [1,3] \end{cases}$$

为一个三次 Spline 函数.

15. 已知 $\omega(x) = \prod_{i=0}^{n}(x-x_i)$,求证 $\omega'(x_k) = \prod_{i=0, i \neq k}^{n}(x_k - x_i), k=1,2,\cdots,n$.

16. 设 $f(1)=0, f(-1)=-3$ 和 $f(2)=4$,求 $f(x)$ 的二次 Lagrange 和 Newton 插值多项式.

17. 设 $x_0=a, x_1=a+h, x_2=a+2h, h>0, f \in C^3[a, a+2h]$, $L_2(x)$ 为以三点 x_0, x_1, x_2 为节点的二次 Lagrange 插值多项式,试证明 $|f(x) - L_2(x)| \leq \frac{\sqrt{3}h^3}{27}M_3$,其中 $M_3 = \max_{x_0 \leq x \leq x_2}|f'''(x)|$.

第4章 平方逼近

§4.1 最小二乘法

4.1.1 数据的最小二乘拟合

最小二乘法起源于以测量和观测为基础的天文学,Gauss 在 1794 年利用最小二乘法解决了多余观测问题,可以用下面的简单例子描述这类问题.

假定通过观测或实验得到如下一组数据(即列表函数):

i	1	2	3	4	5	6	7	8
x_i	0	1	2	3	4	5	6	7
y_i	1.4	1.3	1.4	1.1	1.3	1.8	1.6	2.3

我们的目的是找出一简单的函数式子表示出这些数据间的关系,从分析数据看出,这些点差不多分布在一条直线上,因此我们自然想到用线性式 $y = a + bx$ 表示它们之间的关系,这就须定出参数 a 和 b 的值来,这实际上是多余观测问题,用插值法不能确定出 a 和 b 的值,待定参数的确定归结为矛盾方程组的求解问题.

假定有某方法可以定出 a 和 b,则按 $y = a + bx$ 给出一个 x 便可以算出一个 y,我们记 $\varphi(x) = a + bx$,$\varphi(x_i)$ 称为 y_i 的估计值,显然它们不会是完全相同的,它们之间的差(通常称为**残差**)记为 $\delta_i = \varphi(x_i) - y_i$,残差是衡量被确定的参数 a 和 b(也就是近似多项式 $y = ax + b$)好坏的重要标志.

可以规定许多原则来确定参数 a 和 b,例如,常用以下三种原则:

(1) 使残差绝对值中最大的一个达到最小,即 $T = \max_i |\delta_i|$ 为最小;

(2) 使残差绝对值之和达到最小,即 $\sum_i |\delta_i|$ 为最小;

(3) 使残差的平方和达到最小,即 $\sum_i |\delta_i|^2$ 为最小.

按原则(3)确定待定参数从而得到近似多项式的方法,就是通常所说的**最小二乘法**,这一方法的理论根据是,概率理论已证明,只有这样的原则才能使得观测或实验的偶然误差对于所作的近似多项式有最小的影响.

回到所提出的问题上来,即用最小二乘法确定参数 a 和 b,按最小二乘法,应使 $S(a,b)$ $=\sum_{i=1}^{8}[y_i-(a+bx_i)]^2$ 取最小值. 因此,应有

$$\begin{cases}\dfrac{\partial S}{\partial a}=-2\sum_{i=1}^{8}[y_i-(a+bx_i)]=0,\\ \dfrac{\partial S}{\partial b}=-2\sum_{i=1}^{8}[y_i-(a+bx_i)]x_i=0.\end{cases}$$

由此,得到如下线性方程组

$$\begin{cases}a\sum_{i=1}^{8}i^0+b\sum_{i=1}^{8}x_i=\sum_{i=1}^{8}y_i,\\ a\sum_{i=1}^{8}x_i+b\sum_{i=1}^{8}x_i^2=\sum_{i=1}^{8}x_iy_i,\end{cases}$$

经过简单计算,这个方程组成为

$$\begin{cases}8a+28b=12.2,\\ 28a+140b=47.3,\end{cases}$$

解之可得 $a=1.142, b=0.110$,从而得近似多项式 $p_1(x)=1.142+0.110x$.

在科学实验或统计研究中,需要根据一组测定的数据去求自变量与因变量之间的一个函数关系,这就是**数据拟合法**. 数据拟合法是数学建模过程中常用的一个有效方法.

例1 某种合成纤维的强度与其拉伸倍数有关,测定的 10 个纤维样品的强度与其拉伸倍数的记录为下表:

编号 i	0	1	2	3	4	5	6	7	8	9
拉伸倍数 x_i	1.9	2	2.1	2.5	2.7	2.7	3.5	3.5	4	4
强度 y_i	1.4	1.3	1.8	2.5	2.8	2.5	3	2.7	4	3.5

为研究强度与其拉伸倍数这两个变量之间的函数关系,把强度设为因变量 y,拉伸倍数设为自变量 x. 对数据 $(x_i,y_i)(i=0,1,2,\cdots,9)$ 作出散点图后,观察测定数据的大致变化情况和分布状态,可以认定 y 与 x 之间近似呈线性关系,所以设 $\varphi(x)=a+bx$,确定模型中的 a 和 b,使得模型比较好地拟合表中的数据. 也就是说,当我们用某种方法确定 a 和 b 之后,由模型得到的 $\varphi(x_i)$ 作为 y_i 的近似,希望各点上的偏差 $\delta_i=\varphi(x_i)-y_i$ 的绝对值的平方和尽可能小.

定义 4.1 对于给定的数据 $(x_i,y_i), i=0,1,2,\cdots,n$,求一个简单函数 $\varphi(x)$,使 $\varphi(x_i)$ 与 y_i 的差的平方和最小,即使 $\sum_{i=0}^{n}[\varphi(x_i)-y_i]^2$ 最小,这就是数据拟合的**最小二乘法**,也叫**最小二乘原理**. 常用的误差有平方误差 $\delta^2=\sum_{i=0}^{n}[\varphi(x_i)-y_i]^2$ 和均方误差 $\delta=\sqrt{\sum_{i=0}^{n}[\varphi(x_i)-y_i]^2}$.

例 2 已知 $x_0, x_1, \cdots, x_n$ 及 $y_i = f(x_i)$, $i = 0, 1, 2, \cdots, n$, 用最小二乘法求 $f(x)$ 的拟合直线函数 $\varphi(x) = a + bx$.

解 记 $S(a,b) = \sum\limits_{i=0}^{n} [y_i - \varphi(x_i)]^2 = \sum\limits_{i=0}^{n} [y_i - (a + bx_i)]^2$, 由极值的必要条件 $\dfrac{\partial S}{\partial a} = \dfrac{\partial S}{\partial b} = 0$ 得

$$\begin{cases} -2\sum\limits_{i=0}^{n} [y_i - (a + bx_i)] = 0, \\ -2\sum\limits_{i=0}^{n} x_i [y_i - (a + bx_i)] = 0, \end{cases}$$

即

$$\begin{cases} (n+1)a + b\sum\limits_{i=0}^{n} x_i = \sum\limits_{i=0}^{n} y_i, \\ a\sum\limits_{i=0}^{n} x_i + b\sum\limits_{i=0}^{n} x_i^2 = \sum\limits_{i=0}^{n} x_i y_i, \end{cases}$$

系数行列式为

$$|D| = \begin{vmatrix} n+1 & \sum\limits_{i=0}^{n} x_i \\ \sum\limits_{i=0}^{n} x_i & \sum\limits_{i=0}^{n} x_i^2 \end{vmatrix} = (n+1) \sum_{i=0}^{n} x_i^2 - \left(\sum_{i=0}^{n} x_i \right)^2,$$

若 $|D| \neq 0$, 则 a 和 b 有唯一解, 求出 a 和 b 后即可求出直线函数 $\varphi(x) = a + bx$.

4.1.2 法方程组

现在转入讨论更为一般的情形, 设已知列表函数 $y_i = f(x_i)$, $i = 0, 1, \cdots, m$, 并且我们想用一个一般的 $n(<m)$ 次多项式

$$p_n(x) = a_0 + a_1 x + \cdots + a_n x^n \tag{4.1}$$

去近似 $f(x)$. 问题是应该如何选择 $a_0, a_1, \cdots, a_n$ 使 $p_n(x)$ 能较好地近似列表函数 $f(x)$, 按最小二乘法, 应该选择 $a_0, a_1, \cdots, a_n$ 使得 $S(a_0, a_1, \cdots, a_n) = \sum\limits_{i=0}^{m} [f(x_i) - p_n(x_i)]^2$ 取最小. 注意到 S 是非负的, 且是 $a_0, a_1, \cdots, a_n$ 的 2 次多项式, 它必有最小值.

给定一组数据 (x_i, y_i) $(i = 0, 1, 2, \cdots, m)$, 设 $\Phi = \text{span}\{1, x, x^2, \cdots, x^n\}$, 则对任意函数 $\varphi(x) \in \Phi$, $\varphi(x) = \sum\limits_{k=0}^{n} a_k x^k$, 从而 $S(a_0, a_1, \cdots, a_n) = \sum\limits_{i=0}^{m} \left[\sum\limits_{k=0}^{n} a_k x_i^k - y_i \right]^2$ 最小, 因此 $S(a_0, a_1, \cdots, a_n) = \sum\limits_{i=0}^{m} [y_i - (a_0 + a_1 x_i + a_2 x_i^2 + \cdots + a_n x_i^n)]^2$ 的极小值问题等价于求解

方程组
$$\frac{\partial S}{\partial a_i} = 0, \quad i = 0,1,2,\cdots,m,$$
即
$$\begin{cases} \dfrac{\partial S}{\partial a_0} = 2\sum_{i=0}^{m}[y_i - (a_0 + a_1 x_i + a_2 x_i^2 + \cdots + a_n x_i^n)](-1) = 0, \\ \dfrac{\partial S}{\partial a_1} = 2\sum_{i=0}^{m}[y_i - (a_0 + a_1 x_i + a_2 x_i^2 + \cdots + a_n x_i^n)](-x_i) = 0, \\ \dfrac{\partial S}{\partial a_2} = 2\sum_{i=0}^{m}[y_i - (a_0 + a_1 x_i + a_2 x_i^2 + \cdots + a_n x_i^n)](-x_i^2) = 0, \\ \cdots\cdots \\ \dfrac{\partial S}{\partial a_n} = 2\sum_{i=0}^{m}[y_i - (a_0 + a_1 x_i + a_2 x_i^2 + \cdots + a_n x_i^n)](-x_i^n) = 0, \end{cases}$$

进一步有
$$\begin{cases} a_0(m+1) + a_1\sum_{i=0}^{m}x_i + a_2\sum_{i=0}^{m}x_i^2 + \cdots + a_n\sum_{i=0}^{m}x_i^n = \sum_{i=0}^{m}y_i, \\ a_0\sum_{i=0}^{m}x_i + a_1\sum_{i=0}^{m}x_i^2 + a_2\sum_{i=0}^{m}x_i^3 + \cdots + a_n\sum_{i=0}^{m}x_i^{n+1} = \sum_{i=0}^{m}x_i y_i, \\ \cdots\cdots \\ a_0\sum_{i=0}^{m}x_i^n + a_1\sum_{i=0}^{m}x_i^{n+1} + a_2\sum_{i=0}^{m}x_i^{n+2} + \cdots + a_n\sum_{i=0}^{m}x_i^{2n} = \sum_{i=0}^{m}x_i^n y_i, \end{cases}$$

写成矩阵形式 $MA = Y$,即

$$\begin{bmatrix} m+1 & \sum_{i=0}^{m}x_i & \sum_{i=0}^{m}x_i^2 & \cdots & \sum_{i=0}^{m}x_i^n \\ \sum_{i=0}^{m}x_i & \sum_{i=0}^{m}x_i^2 & \sum_{i=0}^{m}x_i^3 & \cdots & \sum_{i=0}^{m}x_i^{n+1} \\ \vdots & \vdots & \vdots & & \vdots \\ \sum_{i=0}^{m}x_i^n & \sum_{i=0}^{m}x_i^{n+1} & \sum_{i=0}^{m}x_i^{n+2} & \cdots & \sum_{i=0}^{m}x_i^{2n} \end{bmatrix} \begin{bmatrix} a_0 \\ a_1 \\ \vdots \\ a_n \end{bmatrix} = \begin{bmatrix} \sum_{i=0}^{m}y_i \\ \sum_{i=0}^{m}x_i y_i \\ \vdots \\ \sum_{i=0}^{m}x_i^n y_i \end{bmatrix}, \quad (4.2)$$

求解方程组(4.2)即可求得函数 $\varphi(x)$.

例 3 用最小二乘法拟合如下数据.

x	-2	-1	0	1	2
y	1	2	3	3	4

解 设拟合直线 $\varphi(x) = a + bx$,有 $m=4$ 和 $n=1$,则法方程组为

$$\begin{bmatrix} m+1 & \sum_{i=0}^{4} x_i \\ \sum_{i=0}^{4} x_i & \sum_{i=0}^{4} x_i^2 \end{bmatrix} \begin{bmatrix} a \\ b \end{bmatrix} = \begin{bmatrix} \sum_{i=0}^{4} y_i \\ \sum_{i=0}^{4} x_i y_i \end{bmatrix},$$

即
$$\begin{bmatrix} 5 & 0 \\ 0 & 10 \end{bmatrix} \begin{bmatrix} a \\ b \end{bmatrix} = \begin{bmatrix} 13 \\ 7 \end{bmatrix},$$

解得 $a = 2.6$ 和 $b = 0.7$,故 $\varphi(x) = 2.6 + 0.7x$.

例 4 求最小二乘拟合一次、二次和三次多项式,拟合如下数据.

x_k	1.0	1.1	1.3	1.5	1.9	2.1
y_k	1.84	1.96	2.21	2.45	2.94	3.18

解 (1) 一次多项式拟合. 该一次最小二乘拟合多项式为
$$p_1(x) = a + bx = 0.6209 + 1.2196x.$$

(2) 二次多项式拟合. 设二次最小二乘拟合多项式为 $p_2(x) = a_0 + a_1 x + a_2 x^2$, 系数满足如下正规方程组

$$\begin{bmatrix} m & \sum_{k=1}^{m} x_k & \sum_{k=1}^{m} x_k^2 \\ \sum_{k=1}^{m} x_k & \sum_{k=1}^{m} x_k^2 & \sum_{k=1}^{m} x_k^3 \\ \sum_{k=1}^{m} x_k^2 & \sum_{k=1}^{m} x_k^3 & \sum_{k=1}^{m} x_k^4 \end{bmatrix} \begin{bmatrix} a_0 \\ a_1 \\ a_2 \end{bmatrix} = \begin{bmatrix} \sum_{k=1}^{m} y_k \\ \sum_{k=1}^{m} y_k x_k \\ \sum_{k=1}^{m} y_k x_k^2 \end{bmatrix},$$

把表中的数值代入得

$$\begin{bmatrix} 6 & 8.9 & 14.17 \\ 8.9 & 14.17 & 24.023 \\ 14.17 & 24.023 & 42.8629 \end{bmatrix} \begin{bmatrix} a_0 \\ a_1 \\ a_2 \end{bmatrix} = \begin{bmatrix} 14.58 \\ 22.808 \\ 38.0962 \end{bmatrix},$$

解得 $\begin{bmatrix} a_0 \\ a_1 \\ a_2 \end{bmatrix} = \begin{bmatrix} 0.5965807 \\ 1.253293 \\ -0.01085343 \end{bmatrix}.$

于是,该二次最小二乘拟合多项式为
$$p_2(x) = 0.5965807 + 1.253293x - 0.01085343x^2.$$

(3) 三次多项式拟合. 设三次最小二乘拟合多项式为 $p_3(x) = a_0 + a_1 x + a_2 x^2 + a_3 x^3$, 系数满足如下正规方程组

$$\begin{bmatrix} m & \sum_{k=1}^{m} x_k & \sum_{k=1}^{m} x_k^2 & \sum_{k=1}^{m} x_k^3 \\ \sum_{k=1}^{m} x_k & \sum_{k=1}^{m} x_k^2 & \sum_{k=1}^{m} x_k^3 & \sum_{k=1}^{m} x_k^4 \\ \sum_{k=1}^{m} x_k^2 & \sum_{k=1}^{m} x_k^3 & \sum_{k=1}^{m} x_k^4 & \sum_{k=1}^{m} x_k^5 \\ \sum_{k=1}^{m} x_k^3 & \sum_{k=1}^{m} x_k^4 & \sum_{k=1}^{m} x_k^5 & \sum_{k=1}^{m} x_k^6 \end{bmatrix} \begin{bmatrix} a_0 \\ a_1 \\ a_2 \\ a_3 \end{bmatrix} = \begin{bmatrix} \sum_{k=1}^{m} y_k \\ \sum_{k=1}^{m} y_k x_k \\ \sum_{k=1}^{m} y_k x_k^2 \\ \sum_{k=1}^{m} y_k x_k^3 \end{bmatrix},$$

把表中的数值代入得

$$\begin{bmatrix} 6 & 8.9 & 14.17 & 24.023 \\ 8.9 & 14.17 & 24.023 & 42.8629 \\ 14.17 & 24.023 & 42.8629 & 79.5192 \\ 24.023 & 42.8629 & 79.5192 & 151.8010 \end{bmatrix} \begin{bmatrix} a_0 \\ a_1 \\ a_2 \\ a_3 \end{bmatrix} = \begin{bmatrix} 14.58 \\ 22.8080 \\ 38.0962 \\ 67.1883 \end{bmatrix},$$

解得 $\begin{bmatrix} a_0 \\ a_1 \\ a_2 \\ a_3 \end{bmatrix} = \begin{bmatrix} 0.6290193 \\ 1.185010 \\ 0.03533252 \\ -0.001004723 \end{bmatrix}.$

于是,该三次最小二乘拟合多项式为

$$p_3(x) = 0.6290193 + 1.185010x + 0.03533252x^2 - 0.001004723x^3.$$

4.1.3 内积形式的法方程组

若令 $(x^a, x^b) = \sum_{i=0}^{m} x_i^a x_i^b$ 和 $(x^a, y) = \sum_{i=0}^{m} x_i^a y_i$,则法方程内积组可写为

$$\begin{bmatrix} (1,1) & (1,x) & (1,x^2) & \cdots & (1,x^n) \\ (x,1) & (x,x) & (x,x^2) & \cdots & (x,x^n) \\ \vdots & \vdots & \vdots & & \vdots \\ (x^n,1) & (x^n,x) & (x^n,x^2) & \cdots & (x^n,x^n) \end{bmatrix} \begin{bmatrix} a_0 \\ a_1 \\ \vdots \\ a_n \end{bmatrix} = \begin{bmatrix} (1,y) \\ (x,y) \\ \vdots \\ (x^n,y) \end{bmatrix}, \quad (4.3)$$

更一般地若 $\varPhi = \mathrm{span}\{\varphi_0, \varphi_1, \varphi_2, \cdots, \varphi_n\}$,则法方程组变为

$$\begin{bmatrix} (\varphi_0,\varphi_0) & (\varphi_0,\varphi_1) & (\varphi_0,\varphi_2) & \cdots & (\varphi_0,\varphi_n) \\ (\varphi_1,\varphi_0) & (\varphi_1,\varphi_1) & (\varphi_1,\varphi_2) & \cdots & (\varphi_1,\varphi_n) \\ \vdots & \vdots & \vdots & & \vdots \\ (\varphi_n,\varphi_0) & (\varphi_n,\varphi_1) & (\varphi_n,\varphi_2) & \cdots & (\varphi_n,\varphi_n) \end{bmatrix} \begin{bmatrix} a_0 \\ a_1 \\ \vdots \\ a_n \end{bmatrix} = \begin{bmatrix} (\varphi_0,y) \\ (\varphi_1,y) \\ \vdots \\ (\varphi_n,y) \end{bmatrix}, \quad (4.4)$$

其中 $(\varphi_a, \varphi_b) = \sum_{i=0}^{m} \varphi_a(x_i) \varphi_b(x_i)$ 和 $(\varphi_a, y) = \sum_{i=0}^{m} \varphi_a(x_i) y_i$.

例5 已知实验数据如下表,用最小二乘法求形如 $y = a + bx^2$ 的经验公式,并计算均

方误差.

x	19	25	31	38	44
y	19.0	32.3	49.0	73.3	97.8

解 由 $\Phi = \text{span}\{1, x^2\}$，$(1,1) = 5$，$(1, x^2) = \sum_{i=0}^{4} x_i^2 = 5327$，$(x^2, x^2) = \sum_{i=0}^{4} x_i^4 = 7277699$，$(1, y) = \sum_{i=0}^{4} y_i = 271.4$，$(x^2, y) = \sum_{i=0}^{4} x_i^2 y_i = 369321.5$，得法方程组为

$$\begin{bmatrix} 5 & 5327 \\ 5327 & 7277699 \end{bmatrix} \begin{bmatrix} a \\ b \end{bmatrix} = \begin{bmatrix} 271.4 \\ 369321.5 \end{bmatrix},$$

解得 $a = 0.9726046$，$b = 0.0500351$，从而经验公式为 $y = 0.9726046 + 0.0500351 x^2$，均方误差 $\sqrt{\sum_{i=0}^{4} [y(x_i) - y_i]} \approx 0.1226$.

注 对于给定的一组数据如何进行数据拟合? 可以根据以下步骤来进行:

(1) 画出给定数据的粗略图形——散点图;

(2) 根据散点图的形状与趋势,确定因变量与自变量之间的函数类型;

(3) 通过最小二乘原理确定函数表达式中的未知参数(系数).

4.1.4 超定、欠定、适定方程组

定义 4.2 当线性方程组方程的个数多于未知数的个数时,称为**超定方程组**;当线性方程组方程的个数少于未知数的个数时,称为**欠定方程组**;当线性方程组方程的个数等于未知数的个数时,称为**适定方程组**.

定义 4.3 在求解方程组 $Ax = d$ 时,由于 $A^T A x = A^T d$ 且 $A^T A$ 必为正定阵,故 $(A^T A)^{-1}$ 存在,则 $x = (A^T A)^{-1} A^T d$，称 $(A^T A)^{-1} A^T$ 为 A 的**广义逆**.

例 6 用最小二乘法求超定方程组 $\begin{cases} 4x_1 + 2x_2 = 2, \\ 3x_1 - x_2 = 10, \\ 11x_1 + 3x_2 = 8 \end{cases}$ 的数值解.

解 由最小二乘原理,即求 x_1 和 x_2 使得

$$S(x_1, x_2) = (4x_1 + 2x_2 - 2)^2 + (3x_1 - x_2 - 10)^2 + (11x_1 + 3x_2 - 8)^2$$

取极小值. 由 $\begin{cases} \dfrac{\partial S}{\partial x_1} = 0, \\ \dfrac{\partial S}{\partial x_2} = 0 \end{cases}$ 得 $\begin{cases} 13x_1 + 19x_2 = 63, \\ 19x_1 + 7x_2 = 9, \end{cases}$ 故而 $\begin{cases} x_1 = 1.8, \\ x_2 = -3.6, \end{cases}$ 虽非方程组解,但是**最佳近似解**.

§4.2 非线性数据拟合

4.2.1 问题的提出

用多项式 $p_n(x) = a_0 + a_1 x + \cdots + a_n x^n$ 去近似一个给定的列表函数时,需要确定的参数是 $a_0, a_1, \cdots, a_n$,而 $p_n(x)$ 可以看成是 $a_0, a_1, \cdots, a_n$ 的线性函数,但是在很多实际问题的解决过程中,在利用观测或实验数据去确定一个经验公式时,要确定的函数和待定参数之间往往不具有线性形式的关系,这样问题就变得有些复杂,这时通过变量的变换把非线性关系变为线性关系,利用建立线性模型的最小二乘法来估计有关参数,再通过变换的公式确定原非线性关系中的一些参数进行曲线估计,这就是非线性数据拟合问题. 例如,有如下两种情形:

(1) 如果我们希望用函数 $S = pt^q$ 去近似一个由一组观测数据(列表)所描绘的函数,其中 p 和 q 是待定的两个参数,显然 S 已非 p 和 q 的线性函数,为此,我们在 $S = pt^q$ 式两端取对数,得 $\ln S = \ln p + q \ln t$,记 $\ln S = y, \ln p = a_0, a_1 = q, x = \ln t$,则 $S = pt^q$ 变成 $y = a_0 + a_1 x$,这是一个一次多项式,它的系数 a_0 和 a_1 可以用最小二乘法求得,进而求得 $p = e^{a_0}$ 和 $q = a_1$.

(2) 如果我们希望用函数 $S = Ae^{Ct}$ 去近似一个已给定的列表函数,其中 A 和 C 是待定的参数,这时,我们可以在 $S = Ae^{Ct}$ 的两端取对数,得到 $\ln S = \ln A + Ct$,记 $\ln S = y, \ln A = a_0, C = a_1, x = t$,则 $S = Ae^{Ct}$ 变成 $y = a_0 + a_1 x$. 这样,仍可用最小二乘法定出 a_0 和 a_1,进而求得 $A = e^{a_0}$ 和 $C = a_1$.

例7 设数据 (x_i, y_i) $(i = 0, 1, 2, 3, 4)$ 由下表给出,用最小二乘法求拟合曲线 $y = ae^{bx}$.

x_i	1.00	1.25	1.50	1.75	2.00
y_i	5.10	5.79	6.53	7.45	8.46

解 两边取对数得 $\ln y = \ln a + bx$,令 $\bar{y} = \ln y, A = \ln a$,则得线性化函数 $\bar{y} = A + bx, \Phi = \text{span}\{1, x\}$. 为确定 A 和 b,先将数据 (x_i, y_i) 转化为 $(x_i, \bar{y}_i)$,则

$$\bar{y}_i = \ln y_i = 1.629, 1.756, 1.876, 2.008, 2.135,$$

$$(\varphi_0, \varphi_0) = \sum_{i=0}^{4} 1 \times 1 = 5, \quad (\varphi_0, \varphi_1) = \sum_{i=0}^{4} 1 \times x_i = 7.5, \quad (\varphi_1, \varphi_1) = \sum_{i=0}^{4} x_i^2 = 11.875,$$

$$(\varphi_0, \bar{y}) = \sum_{i=0}^{4} 1 \times \bar{y}_i = 9.404, \quad (\varphi_1, \bar{y}) = \sum_{i=0}^{4} x_i \times \bar{y}_i = 14.422,$$

故得法方程组为

$$\begin{bmatrix} 5 & 7.5 \\ 7.5 & 11.875 \end{bmatrix} \begin{bmatrix} A \\ b \end{bmatrix} = \begin{bmatrix} 9.404 \\ 14.422 \end{bmatrix},$$

解得 $A = 1.122, b = 0.505$,则 $a = e^A = 3.071$,故 $y = 3.071e^{0.505x}$.

例 8 用 $y = \dfrac{1}{a + bx}$ 来拟合例 7 中的数据 $(x_i, y_i)(i = 0, 1, 2, 3, 4)$.

解 令 $\bar{y} = \dfrac{1}{y}$,则 $\bar{y} = a + bx$,有 $\bar{y}_i = \dfrac{1}{y_i} = \dfrac{1}{5.10}, \dfrac{1}{5.79}, \dfrac{1}{6.53}, \dfrac{1}{7.45}, \dfrac{1}{8.46}$,

$$(\varphi_0, \varphi_0) = \sum_{i=0}^{4} 1 \times 1 = 5, \quad (\varphi_0, \varphi_1) = \sum_{i=0}^{4} 1 \times x_i = 7.5, \quad (\varphi_1, \varphi_1) = \sum_{i=0}^{4} x_i^2 = 11.875,$$

$$(\varphi_0, \bar{y}) = \sum_{i=0}^{4} 1 \times \bar{y}_i = 0.77436, \quad (\varphi_1, \bar{y}) = \sum_{i=0}^{4} x_i \times \bar{y}_i = 1.11298,$$

故得法方程组

$$\begin{bmatrix} 5 & 7.5 \\ 7.5 & 11.875 \end{bmatrix} \begin{bmatrix} a \\ b \end{bmatrix} = \begin{bmatrix} 0.77436 \\ 1.11298 \end{bmatrix},$$

解得 $a = 0.27139, b = -0.07768$,故拟合曲线 $y = \dfrac{1}{0.27139 - 0.07768x}$.

表 4-1 是对常见几种非线性模型的变换方法.

表 4-1 常见非线性模型的变换方法

函数 $y = f(x)$	线性化形式 $\bar{y} = a\bar{x} + b$	变量与常量(数)变换
$y = \dfrac{a}{x} + b$	$y = a \cdot \dfrac{1}{x} + b$	$\bar{x} = \dfrac{1}{x}, \bar{y} = y$
$y = \dfrac{d}{x + c}$	$y = -\dfrac{1}{c}xy + \dfrac{d}{c}$	$\bar{x} = xy, \bar{y} = y, a = -\dfrac{1}{c}, b = \dfrac{d}{c}$
$y = \dfrac{1}{ax + b}$	$\dfrac{1}{y} = ax + b$	$\bar{x} = x, \bar{y} = \dfrac{1}{y}$
$y = \dfrac{x}{cx + d}$	$\dfrac{1}{y} = c + d \cdot \dfrac{1}{x}$	$\bar{x} = \dfrac{1}{x}, \bar{y} = \dfrac{1}{y}, a = d, b = c$
$y = a\ln x + b$	$y = a\ln x + b$	$\bar{x} = \ln x, \bar{y} = y$
$y = ce^{ax}$	$\ln y = ax + \ln c$	$\bar{x} = x, \bar{y} = \ln y, b = \ln c$
$y = \dfrac{1}{(ax + b)^2}$	$y^{-\frac{1}{2}} = ax + b$	$\bar{x} = x, \bar{y} = y^{-\frac{1}{2}}$
$y = cxe^{-dx}$	$\ln \dfrac{y}{x} = -dx + \ln c$	$\bar{x} = x, \bar{y} = \ln \dfrac{y}{x}, a = -d, b = \ln c$

例 9 在某化学反应中,由实验得到的生成物浓度 y 与时间 t 如下表,欲求浓度 y 与时间 t 的函数关系 $y = a + bt + ct^2$.

t	1	2	3	4	6	8	10	12	14	16
y	4.00	6.41	8.01	8.79	9.53	9.86	10.33	10.42	10.53	10.61

解 用二次多项式拟合,设 $y = a + bt + ct^2$,利用方程组(4.2)建立法方程组:

$$\begin{bmatrix} 10 & 76 & 826 \\ 76 & 826 & 10396 \\ 826 & 10396 & 140434 \end{bmatrix} \begin{bmatrix} a \\ b \\ c \end{bmatrix} = \begin{bmatrix} 88.49 \\ 757.59 \\ 8530.01 \end{bmatrix},$$

解得 $y = 4.1490 + 1.1436t - 0.048320t^2$,拟合平方误差为 $\delta^2 = \sum_{i=0}^{9} [y(x_i) - y_i]^2 = 3.9486$.

例 10 用 $y = ae^{\frac{b}{t}}$ 来拟合例 9 中的数据 $(x_i, y_i)(i = 0, 1, 2, \cdots, 9)$.

解 两边取对数得 $\ln y = \ln a + \frac{b}{t}$,令 $\bar{x} = \frac{1}{t}, \bar{y} = \ln y, \bar{a} = \ln a$,则 $\bar{y} = \bar{a} + b\bar{x}$,取 $\Phi = \text{span}\{1, \bar{x}\}$,则法方程组为

$$\begin{bmatrix} 10 & 2.6923 \\ 2.6923 & 1.4930 \end{bmatrix} \begin{bmatrix} \bar{a} \\ b \end{bmatrix} = \begin{bmatrix} 21.4362 \\ 4.9586 \end{bmatrix},$$

解得 $\bar{a} = 2.4284, b = -1.0579, a = e^{\bar{a}} = 11.3411$,得拟合模型 $y = 11.3411 e^{-\frac{1.0579}{t}}$,拟合平方误差为

$$\delta^2 = \sum_{i=0}^{9} [y(x_i) - y_i]^2 = 0.1109.$$

4.2.2 范数

设已知一列表函数 $y_i = f(x_i)(i = 0, 1, \cdots, m)$,为了构造函数 $f(x)$ 的一个 $n(<m)$ 次近似多项式 $p_n(x)$,按最小二乘法,应使 $S = \sum_{i=0}^{m} [p_n(x_i) - f(x_i)]^2$ 取最小值,这相当于在节点 x_i 处约束 $p_n(x)$,看 $p_n(x)$ 近似列表函数 $f(x)$ 的程度如何,但只是看在这 $m+1$ 个节点上的情况. 有时也需要考虑在全区间 $[a, b]$ 上构造函数 $f(x)$ 的近似多项式 $p_n(x)$,此时自然应以积分 $\int_a^b [p_n(x) - f(x)]^2 dx$ 代替和 $\sum$ 取最小值. 实际上,在数值分析中常以数量 $\|p_n - f\| = \sqrt{\int_a^b [p_n(x) - f(x)]^2 dx}$ 来度量函数 $p_n(x)$ 与 $f(x)$ 的接近程度.

只要回想一下 n 维欧氏空间中的两点距离公式,就知道上述数量可以类似地理解为函数空间中的元素 $p_n(x)$ 与 $f(x)$ 两者间的距离,而当 $\|p_n - f\| \to 0 (n \to \infty)$ 时,也就可以把 $p_n(x)$ 理解为按照上述的平方度量收敛于 $f(x)$,记为 $p_n(x) \xrightarrow{L^2} f(x), n \to \infty$. 在实变函数论中讨论 L^2 空间理论时,人们正是这样来理解一个序列的收敛(或极限)概念的.

为了实用的需要,我们还有必要进一步去扩充上述观点. 设 $\rho(x)$ 是一个在区间 $[a, b]$ 上 L 可积的非负函数,它至多只在一个测度为零的集合上可能等于零,对于任意一个定义在区间 $[a, b]$ 上的可测函数 $f(x)$,如果 $\rho(x) f(x)$ 为 L 可积,那么就说 $f(x)$ 属于 $L_\rho[a, b]$ 类,如果 $\rho(x) f^2(x)$ 为 L 可积,那么就说 $f(x)$ 属于 $L_\rho^2[a, b]$ 类. 由不等式 $\rho(x) |f(x)| \leq \rho(x) \frac{1 + f^2(x)}{2}$ 知,凡 L_ρ^2 中的函数都在 L_ρ 内(即 $L_\rho^2 \subset L_\rho$),又由不等式 $|f(x) g(x)| \leq$

$\frac{f^2(x)+g^2(x)}{2}$ 可知，L_ρ^2 中每两个函数之积恒属于 L_ρ. 接下来，介绍一下**范数**的概念，给 L_ρ^2 中的每一个函数 $f(x)$ 都赋予一个数值 $\|f\| = \sqrt{\int_a^b \rho(x)[f(x)]^2 dx}$，并称它为 f 的**广义绝对值**或**范数**，由此 $\|f-g\| = \sqrt{\int_a^b \rho(x)[f(x)-g(x)]^2 dx}$ 便给出了两个函数 $f(x)$ 和 $g(x)$ 之间的距离或接近程度的度量，所谓平方逼近正是按照这种度量来衡量其逼近程度的.

下面关于范数的三条基本性质是容易验证的：
(1) $\|f\| \geq 0$ 并且当且仅当 $f \equiv 0$ 时 $\|f\| = 0$；
(2) $\|cf\| = |c| \|f\|$，c 为一任意常数；
(3) $\|f+g\| \leq \|f\| + \|g\|$.

下面证明性质(3). 事实上，由 Schwarz 不等式

$$\int_a^b \rho fg dx \leq \left(\int_a^b \rho f^2 dx\right)^{\frac{1}{2}} \left(\int_a^b \rho g^2 dx\right)^{\frac{1}{2}},$$

两边乘以 2 并各加上 $\int_a^b \rho f^2 dx + \int_a^b \rho g^2 dx$ 得

$$\int_a^b \rho(f+g)^2 dx \leq \left[\left(\int_a^b \rho f^2 dx\right)^{\frac{1}{2}} + \left(\int_a^b \rho g^2 dx\right)^{\frac{1}{2}}\right]^2,$$

再将上式两边各自开平方，就恰好得到了性质(3)中的不等式.

用泛函分析的术语来说，如果是一个函数类中的元素(函数)，按某种方式被赋予范数的概念之后，而范数恰好具有上述性质(1)、(2) 和(3)，那么就说该函数类构成一个**赋范空间**. 如此看来，函数类 L_ρ^2 对于上面规定的范数来说恰好构成一个赋范空间，不妨仍用 L_ρ^2 来表示这个空间，同时还不妨把其中的所有元素(函数)称为该空间的点.

读者不难自行验证，当 $[a,b]$ 上一切连续函数 $f(x)$ (多项式自然包括在内)被赋以范数 $\|f\| = \max_{a \leq x \leq b} |f(x)|$ 之后，恰好构成一个赋范空间.

下面，我们来介绍一下距离空间的一般概念. 假设 S 是任意性质的元素 $x,y,z,\cdots$ 的集合，如果对应于 S 中每一对元素 x 和 y，都有具有如下性质的实数 $d(x,y)$：
(1) $d(x,y) \geq 0$ 当且仅当 $x = y$ 时 $d(x,y) = 0$；
(2) $d(x,y) = d(y,x)$；
(3) $d(x,z) \leq d(x,y) + d(y,z)$，即所谓三角不等式，

那么集合 S 便叫作**距离空间**，而 $d(x,y)$ 称为元素 x 和 y 间的距离.

就 L_ρ^2 空间来看，如果令 $d(f,g) = \|f-g\|$，那么条件(1)和(2)显然被满足，而条件(3)相当于 $\|f-h\| \leq \|f-g\| + \|g-h\|$，其中 f,g,h 均属于 L_ρ^2，由于 $f-h = (f-g)+(g-h)$，所以这个不等式是可以从范数性质(3)推导出来的，因此 L_ρ^2 又作成一个距离空间.

定义 4.4 设 S 为线性空间，$\forall x \in S$，若存在唯一实数 $\|\cdot\|$ 满足条件：

(1) 正定性: $\|x\| \geq 0$ 当且仅当 $x = 0$ 时 $\|x\| = 0$;

(2) 齐次性: $\|\alpha x\| = |\alpha| \|x\|, \alpha \in \mathbf{R}$;

(3) 三角不等式: $\|x + y\| \leq \|x\| + \|y\|, \forall x, y \in S$,

则称 $\|\cdot\|$ 为线性空间 S 上的**范数**.

向量范数: 对于在 $\mathbf{R}^n$ 上的向量 $\vec{x} = (x_1, x_2, \cdots, x_n)^T$, 有

(1) $\|\vec{x}\|_\infty = \max\limits_{1 \leq i \leq n} |x_i|$, 称为 ∞- 范数或最大范数;

(2) $\|\vec{x}\|_1 = \sum\limits_{i=1}^n |x_i|$, 称为 1 - 范数;

(3) $\|\vec{x}\|_2 = \left(\sum\limits_{i=1}^n x_i^2\right)^{\frac{1}{2}}$, 称为 2 - 范数.

函数范数: 类似地, 对于连续函数空间 $C[a,b]$, 若 $f \in C[a,b]$, 则有

(1) $\|f\|_\infty = \max\limits_{a \leq x \leq b} |f(x)|$, 称为 ∞- 范数;

(2) $\|f\|_1 = \int_a^b |f(x)| \mathrm{d}x$, 称为 1 - 范数;

(3) $\|f\|_2 = \left|\int_a^b f^2(x) \mathrm{d}x\right|^{\frac{1}{2}}$, 称为 2 - 范数或欧氏范数.

定义 4.5 设 $\rho(x)$ 是一个在区间 $[a,b]$ 上可积的非负函数, 它至多只在一个测度为零的集合上可能等于零, $\rho(x)$ 称为**权函数**.

$\forall f(x) \in C[a,b]$, 若 $\rho(x) f(x)$ 在 $[a,b]$ 上可积, 则称 $f(x)$ 属于 $L_\rho[a,b]$ 类, 若 $\rho(x) f^2(x)$ 为可积, 则说 $f(x)$ 属于 $L_\rho^2[a,b]$ 类, $\forall f(x) \in L_\rho^2[a,b]$, 则

$$\|f\|_2 = \sqrt{\int_a^b \rho(x) f^2(x) \mathrm{d}x}, \quad \|f - g\|_2 = \sqrt{\int_a^b \rho(x) [f(x) - g(x)]^2 \mathrm{d}x}.$$

4.2.3 内积空间及函数的范数

定义 4.6 $C[a,b]$ 表示 $[a,b]$ 上一切连续函数 $f(x)$ 构成的空间. $\forall f, g \in C[a,b]$, $\rho(x)$ 为 $[a,b]$ 上的权函数, 积分 $\int_a^b \rho(x) f(x) g(x) \mathrm{d}x$ 称为 $f(x)$ 与 $g(x)$ 在 $[a,b]$ 上的**内积**, 即 $(f,g) = \int_a^b \rho(x) f(x) g(x) \mathrm{d}x$. 特别地, 当 $\rho(x) \equiv 1$ 时, 有 $(f,g) = \int_a^b f(x) g(x) \mathrm{d}x$.

定义 4.7 设 $f(x) \in C[a,b]$, $\|f\|_2 = \sqrt{\int_a^b \rho(x) f^2(x) \mathrm{d}x} = \sqrt{(f,f)}$ 称为 $f(x)$ 的**欧氏范数**. $\forall f, g \in C[a,b]$, 有如下性质:

(1) $|(f,g)|^2 \leq (f,f)(g,g)$, 即 Cauchy-Schwarz 不等式;

(2) $\|f + g\|_2 \leq \|f\|_2 + \|g\|_2$, 即三角不等式;

(3) $\|f + g\|_2^2 + \|f - g\|_2^2 = 2(\|f\|_2^2 + \|g\|_2^2)$, 即平行四边形定律.

例 11 计算下列函数 $f(x)$ 关于 $C[0,1]$ 的 $\|f\|_\infty$, $\|f\|_1$ 和 $\|f\|_2$.

(1) $f(x) = \left| x - \dfrac{1}{2} \right|$;   (2) $f(x) = (x-1)^3$.

解 （1） $\|f\|_\infty = \max\limits_{0 \leqslant x \leqslant 1} \left| x - \dfrac{1}{2} \right| = \max\left\{ |f(0)|, \left|f\left(\dfrac{1}{2}\right)\right|, |f(1)| \right\} = \dfrac{1}{2}$,

$$\|f\|_1 = \int_0^1 |f(x)| dx = \int_0^{\frac{1}{2}} \left(\dfrac{1}{2} - x\right) dx + \int_{\frac{1}{2}}^1 \left(x - \dfrac{1}{2}\right) dx = \dfrac{1}{4},$$

$$\|f\|_2 = \left[\int_0^1 f^2(x) dx\right]^{\frac{1}{2}} = \left[\int_0^1 \left(x - \dfrac{1}{2}\right)^2 dx\right]^{\frac{1}{2}} = \dfrac{1}{\sqrt{12}} = \dfrac{\sqrt{3}}{6}.$$

(2) $f'(x) = 3(x-1)^2 \geqslant 0, x \in (0,1)$, 故 $f(x)$ 递增,从而

$$\|f\|_\infty = \max\limits_{0 \leqslant x \leqslant 1} |(x-1)^3| = \max\{|f(0)|, |f(1)|\} = 1,$$

$$\|f\|_1 = \int_0^1 |f(x)| dx = \int_0^1 (1-x)^3 dx = \dfrac{1}{4},$$

$$\|f\|_2 = \left[\int_0^1 f^2(x) dx\right]^{\frac{1}{2}} = \left[\int_0^1 (1-x)^6\right]^{\frac{1}{2}} = \dfrac{\sqrt{7}}{7}.$$

§4.3 函数的最佳平方逼近

4.3.1 最佳平方逼近函数

定义 4.8 设 $f(x) \in C[a,b]$, 则有 $\|f\|_2 = \sqrt{\int_a^b \rho(x) f^2(x) dx}$, $\|f\|_2^2 = \int_a^b \rho(x) f^2(x) dx$. 设 $\varphi_0(x), \varphi_1(x), \cdots, \varphi_n(x)$ 是 $[a,b]$ 上线性无关的连续函数,记

$$\Phi = \text{span}\{\varphi_0(x), \varphi_1(x), \cdots, \varphi_n(x)\}$$
$$= \{a_0 \varphi_0(x) + a_1 \varphi_1(x) + \cdots + a_n \varphi_n(x) | a_i \in \mathbf{R}, i = 0, 1, \cdots, n\},$$

对 $f(x) \in C[a,b]$, 若存在 $S^*(x) \in \Phi$ 使得 $\|f(x) - S^*(x)\|_2^2 = \min\limits_{S \in \Phi} \|f(x) - S(x)\|_2^2$, 则称 $S^*(x)$ 为 $f(x)$ 在 Φ 中的**最佳平方逼近**,其中

$$\|f(x) - S(x)\|_2^2 = (f(x) - S(x), f(x) - S(x)) = \int_a^b \rho(x) [f(x) - S(x)]^2 dx,$$

称满足条件的 $S^*(x)$ 为**最佳平方逼近函数**.

求 $S^*(x)$ 等价于求多元函数 $F(a_0, a_1, \cdots, a_n) = \int_a^b \rho(x) \left[f(x) - \sum\limits_{i=0}^n a_i \varphi_i(x)\right]^2 dx$ 的最小值,利用多元函数求极小值的必要条件有 $\dfrac{\partial F}{\partial a_j} = 0, j = 0, 1, 2, \cdots, n$, 即

$$2\int_a^b \rho(x)\left[f(x) - \sum_{i=0}^n a_i \varphi_i(x)\right][-\varphi_j(x)]dx = 0,$$

则有 $\sum_{i=0}^n (\varphi_i,\varphi_j)a_i = (f,\varphi_j)$，其中内积定义为

$$(\varphi_i,\varphi_j) = \int_a^b \rho(x)\varphi_i(x)\varphi_j(x)dx \text{ 和} (f,\varphi_j) = \int_a^b \rho(x)f(x)\varphi_j(x)dx,$$

对应的法方程组为

$$\begin{bmatrix} (\varphi_0,\varphi_0) & (\varphi_0,\varphi_1) & \cdots & (\varphi_0,\varphi_n) \\ (\varphi_1,\varphi_0) & (\varphi_1,\varphi_1) & \cdots & (\varphi_1,\varphi_n) \\ \vdots & \vdots & & \vdots \\ (\varphi_n,\varphi_0) & (\varphi_n,\varphi_1) & \cdots & (\varphi_n,\varphi_n) \end{bmatrix} \begin{bmatrix} a_0 \\ a_1 \\ \vdots \\ a_n \end{bmatrix} = \begin{bmatrix} (f,\varphi_0) \\ (f,\varphi_1) \\ \vdots \\ (f,\varphi_n) \end{bmatrix}. \quad (4.5)$$

若线性方程组(4.5)的唯一解为 $a_i = a_i^*, i = 0,1,2,\cdots,n$，令 $S^*(x) = \sum_{i=0}^n a_i^* \varphi_i(x)$，$\delta(x) = f(x) - S^*(x)$，则 $S^*(x)$ 逼近 $f(x)$ 的平方误差为

$$\|\delta(x)\|_2^2 = \|f\|_2^2 - \sum_{i=0}^n a_i^*(\varphi_i(x),f(x)) = (f,f) - \sum_{i=0}^n a_i^*(\varphi_i,f).$$

4.3.2 函数组的线性相关性

如同线性代数中向量组的线性无关概念一样，在此也有函数组的线性无关概念.

定义 4.9 设函数组 $\varphi_0(x),\varphi_1(x),\cdots,\varphi_n(x)$ 在 $[a,b]$ 上连续，若

$$a_0\varphi_0(x) + a_1\varphi_1(x) + \cdots + a_n\varphi_n(x) = 0$$

当且仅当 $a_0 = a_1 = \cdots = a_n = 0$ 时成立，则称函数组 $\varphi_0(x),\varphi_1(x),\cdots,\varphi_n(x)$ 在 $[a,b]$ 上是**线性无关的**，否则称为**线性相关函数组**.

若函数组 $\varphi_0(x),\varphi_1(x),\cdots,\varphi_n(x)$ 满足任何有限个 $\varphi_k(x)$ 组成的函数组都是线性无关的，则称此函数组为线性无关函数组.

例如，$1,x,x^2,\cdots,x^n$ 即为任意区间 $[a,b]$ 上的线性无关函数组.

若 $\varphi_0(x),\varphi_1(x),\cdots,\varphi_n(x)$ 在 $[a,b]$ 上是线性无关的函数组，且 $a_0,a_1,\cdots,a_n$ 是任意实数，则 $S(x) = a_0\varphi_0(x) + a_1\varphi_1(x) + \cdots + a_n\varphi_n(x)$ 的全体是 $C[a,b]$ 中的一个子集，记作

$$\Phi = \text{span}\{\varphi_0(x),\varphi_1(x),\cdots,\varphi_n(x)\},$$

称为由 $\varphi_0(x),\varphi_1(x),\cdots,\varphi_n(x)$ **生成的连续函数空间**. 判断 $\varphi_0(x),\varphi_1(x),\cdots,\varphi_n(x)$ 线性无关的条件由如下定理给出：

定理 4.1 函数组 $\varphi_0(x),\varphi_1(x),\cdots,\varphi_n(x)$ 在 $[a,b]$ 上线性无关的充要条件为

$$\begin{vmatrix} (\varphi_0,\varphi_0) & (\varphi_0,\varphi_1) & \cdots & (\varphi_0,\varphi_n) \\ (\varphi_1,\varphi_0) & (\varphi_1,\varphi_1) & \cdots & (\varphi_1,\varphi_n) \\ \vdots & \vdots & & \vdots \\ (\varphi_n,\varphi_0) & (\varphi_n,\varphi_1) & \cdots & (\varphi_n,\varphi_n) \end{vmatrix} \neq 0.$$

例 12 求下列函数 $f(x)$ 在指定区间上关于 $\Phi = \text{span}\{1, x\}$ 的最佳平方逼近多项式.

(1) $f(x) = \dfrac{1}{x}, x \in [1, 3]$;

(2) $f(x) = e^x, x \in [0, 1]$.

解 (1) 设 $\varphi(x) = a_0 \varphi_0(x) + a_1 \varphi_1(x), \varphi_0(x) = 1, \varphi_1(x) = x$, 则

$(\varphi_0, \varphi_0) = \int_1^3 1 \times 1 \mathrm{d}x = 2$,

$(\varphi_0, \varphi_1) = (\varphi_1, \varphi_0) = \int_1^3 1 \times x \mathrm{d}x = 4$, $(\varphi_1, \varphi_1) = \int_1^3 x \cdot x \mathrm{d}x = \dfrac{26}{3}$,

$(\varphi_0, f) = \int_1^3 1 \times \dfrac{1}{x} \mathrm{d}x = \ln 3$, $(\varphi_1, f) = \int_1^3 x \times \dfrac{1}{x} \mathrm{d}x = 2$,

法方程组为 $\begin{bmatrix} 2 & 4 \\ 4 & \dfrac{26}{3} \end{bmatrix} \begin{bmatrix} a_0 \\ a_1 \end{bmatrix} = \begin{bmatrix} \ln 3 \\ 2 \end{bmatrix}$, 解得

$$a_0 = \dfrac{13}{2} \ln 3 - 6 \approx 1.1410, \quad a_1 = 3 - 3\ln 3 \approx -0.2958,$$

故 $\varphi(x) = 1.1410 - 0.2958x$.

(2) 法方程组为 $\begin{bmatrix} 1 & \dfrac{1}{2} \\ \dfrac{1}{2} & \dfrac{1}{3} \end{bmatrix} \begin{bmatrix} a_0 \\ a_1 \end{bmatrix} = \begin{bmatrix} e - 1 \\ 1 \end{bmatrix}$, 解得 $\varphi(x) = (4e - 10) + (18 - 6e)x$.

例 13 求 $f(x) = \ln x$ 在 $x \in [1, 2]$ 上的二次最佳平方逼近多项式及平方误差.

解 取 $\Phi = \text{span}\{1, x, x^2\}$, 设 $\varphi(x) = a_0 \varphi_0(x) + a_1 \varphi_1(x) + a_2 \varphi_2(x)$, 由 $\varphi_0(x) = 1$, $\varphi_1(x) = x, \varphi_2(x) = x^2$, 经计算, 得法方程组为

$$\begin{bmatrix} 1 & \dfrac{3}{2} & \dfrac{7}{3} \\ \dfrac{3}{2} & \dfrac{7}{3} & \dfrac{15}{4} \\ \dfrac{7}{3} & \dfrac{15}{4} & \dfrac{31}{5} \end{bmatrix} \begin{bmatrix} a_0 \\ a_1 \\ a_2 \end{bmatrix} = \begin{bmatrix} 2\ln 2 - 1 \\ 2\ln 2 - \dfrac{3}{4} \\ \dfrac{8}{3} \ln 2 - \dfrac{7}{9} \end{bmatrix},$$

解得 $a_0 = -1.142989, a_1 = 1.382756, a_2 = -0.233507$, 所以 $f(x) = \ln x$ 的二次最佳平方逼近多项式为

$$\varphi(x) = -1.142989 + 1.382756x - 0.233507x^2,$$

平方误差为

$$\|\delta\|_2^2 = (f, f) - \sum_{i=0}^{2} a_i (f, \varphi_i) = 0.1883173 - 0.1883136 = 0.4 \times 10^{-5}.$$

§4.4 正交多项式

4.4.1 正交多项式的概念及计算

定义 4.10 若 $\forall f, g \in C[a,b]$，$\rho(x)$ 为 $[a,b]$ 上的权函数，且满足
$$(f,g) = \int_a^b \rho(x) f(x) g(x) \mathrm{d}x = 0,$$
则称函数 $f(x)$ 和 $g(x)$ 在 $[a,b]$ 上带权函数 $\rho(x)$ **正交**. 若函数组 $\varphi_0(x), \varphi_1(x), \cdots, \varphi_n(x)$ 满足
$$(\varphi_i(x), \varphi_j(x)) = \int_a^b \rho(x) \varphi_i(x) \varphi_j(x) \mathrm{d}x = \begin{cases} 0, & i \neq j, \\ A_j > 0, & i = j, \end{cases}$$
则称此函数组是 $[a,b]$ 上的带权 $\rho(x)$ 的**正交函数组**，若 $A_j \equiv 1$ 则称为**标准正交函数组**.

例如，**三角函数组** $1, \cos x, \sin x, \cos 2x, \sin 2x, \cdots$ 在 $[-\pi, \pi]$ 上正交，这是由于
$$(1,1) = \int_{-\pi}^{\pi} 1 \times 1 \mathrm{d}x = 2\pi,$$
$$(\sin kx, \sin kx) = (\cos kx, \cos kx) = \pi, \quad k = 1, 2, 3, \cdots,$$
$$(\sin kx, \cos kx) = (1, \cos kx) = (1, \sin kx) = 0, \quad k = 1, 2, 3, \cdots,$$
$$(\cos kx, \cos jx) = (\sin kx, \sin jx) = (\cos kx, \sin jx) = 0, \quad k \neq j, k, j = 1, 2, 3, \cdots.$$

一般地，给定区间 $[a,b]$ 及权函数 $\rho(x)$ 后，由 $1, x, x^2, \cdots, x^n$ 可以用 Schmidt 正交化方法构造出 n 次正交多项式，其公式为
$$\varphi_0(x) = 1, \quad \varphi_k(x) = x^k - \sum_{j=0}^{k-1} \frac{(x^k, \varphi_j(x))}{(\varphi_j(x), \varphi_j(x))} \varphi_j(x), \quad k = 1, 2, \cdots, n. \tag{4.6}$$

这样构造的正交多项式有以下性质：
(1) $\varphi_k(x)$ 是最高项系数为 1 的 k 次多项式；
(2) 任何 k 次多项式均可表示为前 $k+1$ 个多项式 $\varphi_0(x), \varphi_1(x), \cdots, \varphi_k(x)$ 的线性组合；
(3) 对于 $k \neq l$，有 $(\varphi_k, \varphi_l) = 0$，并且 φ_k 与任一次数小于 k 的多项式正交.

正交基可以由任意基通过正交化 (Schmidt 正交化) 得到，公式 (4.6) 具体表示为
$$\varphi_0(x) = 1,$$
$$\varphi_1(x) = x - \frac{(x, \varphi_0)}{(\varphi_0, \varphi_0)} \cdot \varphi_0(x),$$
$$\varphi_2(x) = x^2 - \frac{(x^2, \varphi_0)}{(\varphi_0, \varphi_0)} \cdot \varphi_0(x) - \frac{(x^2, \varphi_1)}{(\varphi_1, \varphi_1)} \cdot \varphi_1(x),$$
$$\varphi_3(x) = x^3 - \frac{(x^3, \varphi_0)}{(\varphi_0, \varphi_0)} \cdot \varphi_0(x) - \frac{(x^3, \varphi_1)}{(\varphi_1, \varphi_1)} \cdot \varphi_1(x) - \frac{(x^3, \varphi_2)}{(\varphi_2, \varphi_2)} \cdot \varphi_2(x), \tag{4.7}$$

……
$$\varphi_n(x) = x^n - \sum_{k=0}^{n-1} \frac{(x^n, \varphi_k)}{(\varphi_k, \varphi_k)} \cdot \varphi_k(x),$$

其中内积为

$$(x^n, \varphi_k) = \int_a^b \rho(x) x^n \varphi_k(x) \mathrm{d}x, \quad (\varphi_k, \varphi_k) = \int_a^b \rho(x) \varphi_k^2(x) \mathrm{d}x.$$

例 14 利用正交化方法求 $[0,1]$ 上带权 $\rho(x) = \ln\frac{1}{x}$ 的前三个正交多项式.

解 由公式(4.7)知,

$$\varphi_0(x) = 1, \quad \varphi_1(x) = x - \frac{(x, \varphi_0)}{(\varphi_0, \varphi_0)}\varphi_0(x),$$

$$\varphi_2(x) = x^2 - \frac{(x^2, \varphi_0)}{(\varphi_0, \varphi_0)}\varphi_0(x) - \frac{(x^2, \varphi_1)}{(\varphi_1, \varphi_1)}\varphi_1(x),$$

其中

$$(\varphi_0, \varphi_0) = \int_0^1 \ln\frac{1}{x}\mathrm{d}x = 1,$$

$$(x, \varphi_0) = \int_0^1 x\ln\frac{1}{x}\mathrm{d}x = \frac{1}{4}, \quad (x^2, \varphi_0) = \int_0^1 x^2\ln\frac{1}{x}\mathrm{d}x = \frac{1}{9},$$

由此得

$$\varphi_1(x) = x - \frac{1}{4}, \quad (x^2, \varphi_1) = \int_0^1 x^2\left(x - \frac{1}{4}\right)\ln\frac{1}{x}\mathrm{d}x = \frac{5}{144},$$

$$(\varphi_1, \varphi_1) = \int_0^1 \left(x - \frac{1}{4}\right)^2 \ln\frac{1}{x}\mathrm{d}x = \frac{7}{144},$$

从而

$$\varphi_2(x) = x^2 - \frac{1}{9} - \frac{5}{7}\left(x - \frac{1}{4}\right) = x^2 - \frac{5}{7}x + \frac{17}{252}.$$

4.4.2 常用的正交多项式

本节将介绍三种最常用的正交多项式系,它们在数学物理问题及数值积分中均有重要意义.

1. Legendre(勒让德)多项式

Legendre 正交多项式是区间为 $[-1,1]$ 及权函数 $\rho(x) = 1$ 时,由 $1, x, x^2, \cdots, x^n$ 用 Schmidt 正交化方法构造出的 n 次正交多项式,它是由 Legendre 于 1785 年首先引入的, 1814 年 Rordrigul 给出了更简单的表示式,即在区间 $[-1,1]$ 上带权函数 $\rho(x) \equiv 1$ 的正交多项式:

$$L_0(x) = 1, \quad L_n(x) = \frac{1}{2^n n!}\frac{\mathrm{d}^n}{\mathrm{d}x^n}[(x^2 - 1)^n], \quad n = 0, 1, 2, \cdots.$$

易见,$L_n(x)$ 的最高次项的系数与 $\frac{1}{2^n n!}\frac{\mathrm{d}^n}{\mathrm{d}x^n}(x^{2n})$ 的系数是相同的,所以 $L_n(x)$ 的最高次

项 x^n 的系数为 $\dfrac{(2n)!}{2^n(n!)^2}$，从而得到最高次项系数为 1 的 Legendre 正交多项式为

$$\tilde{L}_n(x) = \dfrac{n!}{(2n)!} \dfrac{d^n}{dx^n}[(x^2-1)^n]. \tag{4.8}$$

以下是 Legendre 正交多项式的几个重要性质.

性质 4.1 正交性：

$$(L_n, L_m) = \int_{-1}^{1} L_n(x) L_m(x) dx = \begin{cases} 0, & m \neq n, \\ \dfrac{2}{2n+1}, & m = n. \end{cases}$$

证明 令 $\varphi(x) = (x^2-1)^n$，显然 $\varphi^{(k)}(\pm 1) = 0, 0 \leq k \leq n-1$. 设 $Q(x)$ 是 $[-1,1]$ 上的 n 阶连续可导函数，由分部积分得

$$\int_{-1}^{1} L_n(x) Q(x) dx = \dfrac{1}{2^n n!} \int_{-1}^{1} Q(x) \varphi^{(n)}(x) dx$$

$$= -\dfrac{1}{2^n n!} \int_{-1}^{1} Q'(x) \varphi^{(n-1)}(x) dx$$

$$= \cdots\cdots$$

$$= \dfrac{(-1)^n}{2^n n!} \int_{-1}^{1} Q^{(n)}(x) \varphi(x) dx.$$

若 $Q(x)$ 是次数小于 n 的单项式，则 $Q^{(n)}(x) = 0$，故当 $m \neq n$ 时，有

$$\int_{-1}^{1} L_n(x) L_m(x) dx = 0.$$

若 $Q(x) = L_n(x) = \dfrac{1}{2^n n!} \varphi^{(n)}(x) = \dfrac{(2n)!}{2^n (n!)^2} x^n + \cdots$，则有 $Q^{(n)}(x) = L_n^{(n)}(x) = \dfrac{(2n)!}{2^n n!}$ 且

$$\int_{-1}^{1} L_n^2(x) dx = \dfrac{(-1)^n (2n)!}{2^{2n} (n!)^2} \int_{-1}^{1} (x^2-1)^n dx$$

$$= \dfrac{(2n)!}{2^{2n} (n!)^2} \int_{-1}^{1} (1-x^2)^n dx = \dfrac{2(2n)!}{2^{2n} (n!)^2} \int_{0}^{1} (1-x^2)^n dx,$$

又 $\int_{0}^{1} (1-x^2)^n dx = \dfrac{2 \cdot 4 \cdots (2n)}{1 \cdot 3 \cdots (2n+1)}$，代入上式得

$$\int_{-1}^{1} L_n^2(x) dx = \dfrac{2}{2n+1},$$

得证.

性质 4.2 奇偶性：$L_n(-x) = (-1)^n L_n(x)$.

证明 由于 $(x^2-1)^n$ 为偶函数，n 为偶数时，相当于偶函数求偶次导数，结果仍为偶函数，n 为奇数时，相当于偶函数求奇次导数，结果为奇函数，故得证.

性质 4.3 递推关系：

$$L_0(x) = 1, \quad L_1(x) = x,$$

$$(n+1) L_{n+1}(x) = (2n+1) x L_n(x) - n L_{n-1}(x), \quad n = 1, 2, \cdots.$$

证明 由于 $xL_n(x)$ 为一个 $n+1$ 次多项式，所以它可以表示成

$$xL_n(x) = a_0 L_0(x) + a_1 L_1(x) + \cdots + a_{n+1} L_{n+1}(x), \tag{4.9}$$

两边乘以 $L_k(x)$,并在 $[-1,1]$ 上积分,再由正交性知

$$\int_{-1}^{1} x L_n(x) L_k(x) \mathrm{d}x = a_k \int_{-1}^{1} L_k^2(x) \mathrm{d}x. \tag{4.10}$$

当 $k \leq n-2$ 时,$xL_k(x)$ 为 $L_0(x),L_1(x),\cdots,L_{n-1}(x)$ 的线性组合,$xL_k(x)$ 为一个次数小于等于 $n-1$ 的多项式,$L_n(x)$ 与它们正交,所以 (4.10) 式左端等于 0,得 $a_k=0$,$k=0,1,2,\cdots,n-2$.

当 $k=n$ 时,(4.10) 式中 $xL_n(x)L_k(x) = xL_n^2(x)$ 为奇函数,(4.10) 式左端等于 0,故 $a_n=0$.

由以上讨论知 (4.9) 式变为

$$xL_n(x) = a_{n-1}L_{n-1}(x) + a_{n+1}L_{n+1}(x). \tag{4.11}$$

比较 (4.11) 式两端 x^{n+1} 的系数,得 $a_{n+1} = \dfrac{n+1}{2n+1}$. 在 (4.11) 式中取 $x=1$,并注意到 Legendre 正交多项式 $L_n(x)$ 满足 $L_n(1) = 1(n=0,1,2,\cdots)$,得到 $1 = a_{n-1} + a_{n+1}$,故 $a_{n-1} = \dfrac{n}{2n+1}$,得证.

进一步由递推关系可得 Legendre 正交多项式的前 5 项为

$$L_0(x) = 1, \quad L_1(x) = x, \quad L_2(x) = \frac{1}{2}(3x^2-1),$$

$$L_3(x) = \frac{1}{2}(5x^3-3x), \quad L_4(x) = \frac{1}{8}(35x^4-30x^2+3).$$

性质 4.4 $L_n(x)$ 在 $[-1,1]$ 内有 n 个不同的零点.

性质 4.5 在 $[-1,1]$ 区间上,所有最高项系数为 1 的 n 次多项式中,Legendre 正交多项式 $\tilde{L}_n(x) = \dfrac{n!}{(2n)!} \dfrac{\mathrm{d}^n}{\mathrm{d}x^n}\{(x^2-1)^n\}$ 的欧氏范数(2-范数)最小.

2. Chebyshev(切比雪夫)多项式

Chebyshev 正交多项式是区间为 $[-1,1]$ 及权函数 $\rho(x) = \dfrac{1}{\sqrt{1-x^2}}$ 时,由 $1,x,x^2,\cdots,x^n$ 用 Schmidt 正交化方法构造出的 n 次正交多项式,其表达式为 $T_n(x) = \cos(n\arccos x)$,$|x| \leq 1$. 若令 $x = \cos\theta$,则有 $T_n(x) = \cos n\theta$,$\theta \in [0,\pi]$.

Chebyshev 正交多项式有如下性质:

性质 4.6 $T_n(x)$ 有以下递推关系:

$$T_0(x) = 1, \quad T_1(x) = x,$$
$$T_{n+1}(x) = 2xT_n(x) - T_{n-1}(x). \tag{4.12}$$

证明 由于 $\cos(n+1)\theta = \cos n\theta \cos\theta - \sin n\theta \sin\theta$,$\cos(n-1)\theta = \cos n\theta \cos\theta + \sin n\theta \sin\theta$,两式相加得 $\cos(n+1)\theta = 2\cos n\theta \cos\theta - \cos(n-1)\theta$,并由 $x = \cos\theta$ 及 $T_n(x) = \cos n\theta$ 得证.

由性质 4.6 得 Chebyshev 正交多项式前 6 项为

$$T_0(x) = 1, \quad T_1(x) = x, \quad T_2(x) = 2x^2-1, \quad T_3(x) = 4x^3-3x,$$

$$T_4(x) = 8x^4-8x^2+1, \quad T_5(x) = 16x^5-20x^3+5x.$$

性质 4.7 $T_n(x)$ 的最高项系数为 2^{n-1}.

证明 由(4.12)式,比较最高次项系数知 $a_{n+1}=2a_n$,又因 $a_1=1$,性质得证.

性质 4.8 正交性:

$$(T_n,T_m)=\int_{-1}^{1}\frac{T_n(x)T_m(x)}{\sqrt{1-x^2}}dx=\begin{cases}0, & m\neq n,\\ \dfrac{\pi}{2}, & m=n\neq 0,\\ \pi, & m=n=0.\end{cases}$$

证明 作变换 $x=\cos\theta$,得

$$\int_{-1}^{1}\frac{T_n(x)T_m(x)}{\sqrt{1-x^2}}dx=\int_{0}^{\pi}\cos m\theta\cos n\theta d\theta=\begin{cases}0, & m\neq n,\\ \dfrac{\pi}{2}, & m=n\neq 0,\\ \pi, & m=n=0.\end{cases}$$

性质 4.9 奇偶性: $T_n(-x)=(-1)^n T_n(x)$,即 n 为奇数时,$T_n(x)$ 为奇函数;n 为偶数时,$T_n(x)$ 为偶函数.

证明 由递推公式(4.12)直接得证.

性质 4.10 $T_n(x)$ 在 $[-1,1]$ 上有 n 个实零点 $x_k=\cos\dfrac{2k-1}{2n}\pi(k=1,2,\cdots,n)$,并有 $n+1$ 个点 $x_k^*=\cos\dfrac{k}{n}\pi(k=0,1,2,\cdots,n)$ 轮流取最大值 1 和最小值 -1.

证明 由 $T_n(x)$ 的表示式得证.

性质 4.11 在 $[-1,1]$ 上所有最高项系数为 1 的 n 次多项式中,$\dfrac{1}{2^{n-1}}T_n(x)$ 的 ∞-范数最小,且有

$$\left\|\frac{1}{2^{n-1}}T_n(x)\right\|_\infty=\frac{1}{2^{n-1}}. \tag{4.13}$$

证明 由性质 4.10 知(4.13)式成立.下证 $\dfrac{1}{2^{n-1}}T_n(x)$ 的 ∞-范数最小.用反证法,假设存在某一最高项系数为 1 的 n 次多项式 $Q_n(x)\neq\dfrac{1}{2^{n-1}}T_n(x)$,满足 $\|Q_n(x)\|_\infty=\max\limits_{-1\leqslant x\leqslant 1}|Q_n(x)|<\dfrac{1}{2^{n-1}}$,令 $\varphi(x)=\dfrac{1}{2^{n-1}}T_n(x)-Q_n(x)$,则由于 $\dfrac{1}{2^{n-1}}T_n(x)$ 和 $Q_n(x)$ 均为 n 次多项式,故 $\varphi(x)$ 为次数不超过 $n-1$ 次的多项式,因为 $x_k^*=\cos\dfrac{k}{n}\pi(k=0,1,2,\cdots,n)$ 使 $T_n(x)$ 轮流取最大值 1 和最小值 -1,所以有 $\varphi(x_k^*)=\dfrac{(-1)^k}{2^{n-1}}-Q_n(x_k^*),k=0,1,2,\cdots,n$. 由假设知,$|Q_n(x_k^*)|<\dfrac{1}{2^{n-1}}$,从而知 $\varphi(x)$ 在 $n+1$ 个点上轮流取正负值,由 Rolle 定理知,$\varphi(x)$ 至少有 n 个零点,所以 $\varphi(x)=0$,与假设矛盾,故得证.

这一性质的等价性叙述为对于 $[-1,1]$ 上的函数 $f(x)=x^n$,在所有次数不超过 $n-1$ 次的多项式中,$y(x)=x^n-\dfrac{1}{2^{n-1}}T_n(x)$ 是使得 $\max\limits_{-1\leqslant x\leqslant 1}|f(x)-y(x)|$ 达到最小的解.

3. Laguerre(拉盖尔)多项式

Laguerre 多项式为在 $[0, +\infty)$ 上带权函数 $\rho(x) = e^{-x}$ 的正交多项式:

$$U_n(x) = e^x \frac{d^n}{dx^n}(x^n e^{-x}), \quad n = 0, 1, 2, \cdots.$$

(1) 逆推关系:

$$U_0(x) = 1, \quad U_1(x) = 1 - x,$$

$$U_{n+1}(x) = (1 + 2n - x)U_n(x) - n^2 U_{n-1}(x), \quad n = 1, 2, \cdots.$$

由此得 Laguerre 多项式的前 4 项为

$$U_0(x) = 1, \quad U_1(x) = 1 - x, \quad U_2(x) = x^2 - 4x + 2,$$

$$U_3(x) = -x^3 + 9x^2 - 18x + 6.$$

(2) 性质(正交性):

$$(U_n, U_m) = \int_0^{+\infty} e^{-x} U_n(x) U_m(x) dx = \begin{cases} 0, & m \neq n, \\ (n!)^2, & m = n. \end{cases}$$

4. Hermite(埃尔米特)多项式

Hermite 多项式为在 $(-\infty, +\infty)$ 上带权函数 $\rho(x) = e^{-x^2}$ 的正交多项式:

$$H_n(x) = (-1)^n e^{x^2} \frac{d^n}{dx^n}(e^{-x^2}), \quad n = 0, 1, 2, \cdots.$$

(1) 逆推关系:

$$H_0(x) = 1, \quad H_1(x) = 2x,$$

$$H_{n+1}(x) = 2xH_n(x) - 2nH_{n-1}(x), \quad n = 1, 2, \cdots.$$

由此得 Hermite 多项式的前 5 项为

$$H_0(x) = 1, \quad H_1(x) = 1 - x, \quad H_2(x) = 4x^2 - 2,$$

$$H_3(x) = 8x^3 - 12x, \quad H_4(x) = 16x^4 - 48x^2 + 12.$$

(2) 性质(正交性):

$$(H_n, H_m) = \int_{-\infty}^{+\infty} e^{-x^2} H_n(x) H_m(x) dx = \begin{cases} 0, & m \neq n, \\ 2^n n! \sqrt{\pi}, & m = n. \end{cases}$$

4.4.3 用正交函数组作最佳平方逼近

函数逼近问题的一般提法:对函数类 A 中给定的函数 $f(x)$,要求在另一类较简单的便于计算的函数类 B 中,求函数 $p(x)$,使 $p(x)$ 与 $f(x)$ 之差在某种度量意义下达到最小. 最常用的两种度量意义是:

(1) $$\|f(x) - p(x)\|_{\infty} = \max_{a \leq x \leq b} |f(x) - p(x)|,$$

在这种度量意义下的逼近称为**一致(均匀)逼近**.

(2) $$\|f(x) - p(x)\|_2 = \sqrt{\int_a^b [f(x) - p(x)]^2 dx},$$

在这种度量意义下的逼近称为**均方(平方)逼近**.

当 $\Phi = \mathrm{span}\{\varphi_0(x), \varphi_1(x), \cdots, \varphi_n(x)\}$ 是正交函数组时,法方程组为

$$\begin{bmatrix} (\varphi_0,\varphi_0) & & & \\ & (\varphi_1,\varphi_1) & & \\ & & \ddots & \\ & & & (\varphi_n,\varphi_n) \end{bmatrix} \begin{bmatrix} a_0 \\ a_1 \\ \vdots \\ a_n \end{bmatrix} = \begin{bmatrix} (f,\varphi_0) \\ (f,\varphi_1) \\ \vdots \\ (f,\varphi_n) \end{bmatrix}, \quad (4.14)$$

即 $a_k = \dfrac{(f,\varphi_k)}{(\varphi_k,\varphi_k)}, k = 0,1,2,\cdots,n$，所以最佳平方逼近多项式为 $\varphi(x) = \sum\limits_{k=0}^{n} \dfrac{(f,\varphi_k)}{(\varphi_k,\varphi_k)} \cdot \varphi_k(x)$，此时的平方误差 $\|\delta\|_2^2 = \sum\limits_{i=0}^{m}\delta_i^2 = \|f\|_2^2 - \sum\limits_{k=0}^{n}A_k(a_k)^2$，其中 $A_k = (\varphi_k,\varphi_k), k = 0,1,\cdots,n$.

1. 利用 Legendre 正交多项式求最佳平方逼近多项式

设 $f(x) \in C[a,b]$，用正交多项式 $\varphi_0(x),\varphi_1(x),\cdots,\varphi_n(x),\cdots$ 作为基，将 $f(x)$ 展开成无穷级数形式：

$$f(x) \approx \sum_{k=0}^{\infty} a_k \varphi_k(x), \quad (4.15)$$

(4.15) 称为广义 **Fourier** 级数，系数 a_k 称为广义 **Fourier** 系数.

当 $f(x)$ 满足一定条件时，级数 (4.15) 可以一致收敛到函数 $f(x)$，因此取级数的前有限项 $S_n(x) = \sum\limits_{k=0}^{n} a_k \varphi_k(x)$，即可作为函数 $f(x)$ 的最佳平方逼近多项式，其中 $a_k = \dfrac{(f,\varphi_k)}{(\varphi_k,\varphi_k)}, k = 0,1,2,\cdots,n$.

特别地，$f(x) \in C[-1,1]$ 时按 Legendre 正交多项式 $L_0(x),L_1(x),\cdots,L_n(x)$ 展开可以求得函数 $f(x)$ 的最佳平方逼近多项式为 $S_n(x) = \sum\limits_{k=0}^{n} a_k L_k(x)$，其中

$$a_k = \frac{(f,L_k)}{(L_k,L_k)} = \frac{2k+1}{2}\int_{-1}^{1} f(x) L_k(x) \mathrm{d}x, \quad k = 0,1,2,\cdots,n,$$

此时的平方误差为 $\|f(x) - S_n(x)\|_2^2 = \int_{-1}^{1} f^2(x) \mathrm{d}x - \sum\limits_{k=0}^{n} \dfrac{2}{2k+1} a_k^2$.

例 15 求函数 $f(x) = \mathrm{e}^x$ 在 $[-1,1]$ 上的三次最佳平方逼近多项式.

解 取 $[-1,1]$ 上的 Legendre 正交多项式：

$$L_0(x) = 1, \quad L_1(x) = x, \quad L_2(x) = \frac{1}{2}(3x^2 - 1), \quad L_3(x) = \frac{1}{2}(5x^3 - 3x),$$

由于 $(L_m, L_m) = \dfrac{2}{2m+1}, m = 0,1,2,3$，取 $\Phi = \mathrm{span}\{L_0(x), L_1(x), L_2(x), L_3(x)\}$，由

$$(f,L_0) = \int_{-1}^{1} \mathrm{e}^x \mathrm{d}x = \mathrm{e} - \frac{1}{\mathrm{e}},$$

$$(f,L_1) = \int_{-1}^{1} \mathrm{e}^x \cdot x \mathrm{d}x = \frac{2}{\mathrm{e}},$$

$$(f,L_2) = \int_{-1}^{1} \frac{1}{2}(3x^2 - 1) \mathrm{e}^x \mathrm{d}x = \mathrm{e} - \frac{7}{\mathrm{e}},$$

$$(f, L_3) = \int_{-1}^{1} \frac{1}{2}(5x^3 - 3x)e^x dx = -5e + \frac{37}{e},$$

所以

$$a_0 = \frac{1}{2}(f, L_0) = \frac{1}{2}\left(e - \frac{1}{e}\right) \approx 1.1752, \quad a_1 = \frac{3}{2}(f, L_1) = \frac{3}{2} \cdot \frac{2}{e} \approx 1.1036,$$

$$a_2 = \frac{5}{2}(f, L_2) = \frac{5}{2}\left(e - \frac{7}{e}\right) \approx 0.3578, \quad a_3 = \frac{7}{2}(f, L_3) = \frac{7}{2}\left(-5e + \frac{37}{e}\right) \approx 0.07046.$$

三次最佳平方逼近多项式为

$$\varphi(x) = \sum_{i=0}^{3} a_i L_i(x) = 1.1752 L_0(x) + 1.1036 L_1(x) + 0.3578 L_2(x) + 0.07046 L_3(x)$$

$$= 0.9963 + 0.09979x + 0.5367x^2 + 0.1761x^3,$$

其均方误差为 $\|e^x - \varphi(x)\|_2 = \sqrt{\int_{-1}^{1} e^{2x} dx - \sum_{k=0}^{3} \frac{2}{2k+1}(f, L_k)^2} = 0.0084$,最大误差为

$\|e^x - \varphi(x)\|_\infty = 0.0112$.

注 若 $f(x) \in C[a,b]$,求 $[a,b]$ 上的最佳平方逼近多项式,作变换 $x = \frac{b-a}{2}t + \frac{b+a}{2}$,

$-1 \le t \le 1$,于是 $F(t) = f\left(\frac{b-a}{2}t + \frac{b+a}{2}\right)$ 在 $[-1,1]$ 上可用 Legendre 多项式.

例 16 求函数 $f(x) = \cos\pi x$ 在 $[0,1]$ 上关于 $\Phi = \text{span}\{1, x\}$ 的最佳平方逼近多项式.

解 $f(x) = \cos\pi x, x \in [0,1]$,作线性变换 $x = \frac{1}{2}t + \frac{1}{2}$,即

$$f(x) = \cos\pi x = \cos\pi\left(\frac{1}{2}t + \frac{1}{2}\right) = g(t), \quad t \in [-1, 1].$$

利用 Legendre 多项式 $L_0(t) = 1, L_1(t) = t$,建立 $g(t)$ 的一次最佳平方逼近多项式:

$$\varphi(t) = \frac{(g, L_0)}{(L_0, L_0)} \cdot L_0(t) + \frac{(g, L_1)}{(L_1, L_1)} \cdot L_1(t) = \frac{0}{2} L_0(t) + \frac{-8/\pi^2}{2/3} L_1(t) = -\frac{12}{\pi^2} t,$$

所以 $f(x)$ 的最佳平方逼近为 $-\frac{12}{\pi^2}(2x - 1) \approx -2.4317x + 1.2159$.

2. 利用 Chebyshev 正交多项式求近似最佳一致逼近多项式

一般情况下,求 $f(x) \in C[a,b]$ 的最佳一致逼近多项式是很困难的,但是利用 Chebyshev 正交多项式可以很好地求近似最佳一致逼近多项式,这里只介绍一种方法,就是将函数 $f(x) \in C[-1,1]$ 按 Chebyshev 正交多项式 $T_0(x), T_1(x), \cdots, T_n(x), \cdots$ 展开成广义 Fourier 级数:

$$f(x) \sim \frac{c_0}{2} + \sum_{k=1}^{\infty} c_k T_k(x), \tag{4.16}$$

(4.16)式称为 $f(x)$ 在 $[-1,1]$ 上的 Chebyshev 级数,其中系数

$$c_k = \frac{2}{\pi} \int_{-1}^{1} \frac{f(x) T_k(x)}{\sqrt{1 - x^2}} dx, \quad k = 0, 1, 2, \cdots. \tag{4.17}$$

若令 $x = \cos\theta$,则上式为 $c_k = \dfrac{2}{\pi}\int_0^\pi f(\cos\theta)\cos k\theta \mathrm{d}\theta, k = 0,1,2,\cdots$.

根据 Fourier 级数的理论知,只要 $f''(x)$ 在 $[-1,1]$ 上分段连续,则 $f(x)$ 的 Chebyshev 级数(4.16)就一致收敛于 $f(x)$,于是取(4.16)式的部分和

$$S_n(x) = \frac{c_0}{2} + \sum_{k=1}^n c_k T_k(x), \tag{4.18}$$

即可作为 $f(x)$ 在 $[-1,1]$ 上的近似最佳一致逼近多项式,实际计算表明它与理论上的最佳一致逼近多项式非常接近.

例 17 已知下列数据,求拟合三次多项式曲线.

x	-2	-1	0	1	2
y	-1	-1	0	1	1

解 $\varphi_0(x) = 1$, $\varphi_1(x) = x - \dfrac{(x,\varphi_0)}{(\varphi_0,\varphi_0)} \cdot \varphi_0(x) = x$,

$\varphi_2(x) = x^2 - \dfrac{(x^2,\varphi_0)}{(\varphi_0,\varphi_0)} \cdot \varphi_0(x) - \dfrac{(x^2,\varphi_1)}{(\varphi_1,\varphi_1)} \cdot \varphi_1(x) = x^2 - 2$,

$\varphi_3(x) = x^3 - \dfrac{(x^3,\varphi_0)}{(\varphi_0,\varphi_0)} \cdot \varphi_0(x) - \dfrac{(x^3,\varphi_1)}{(\varphi_1,\varphi_1)} \cdot \varphi_1(x) - \dfrac{(x^3,\varphi_2)}{(\varphi_2,\varphi_2)} \cdot \varphi_2(x) = x^3 - \dfrac{17}{5}x$,

$(\varphi_0,\varphi_0) = 5$, $(\varphi_1,\varphi_1) = 10$, $(\varphi_2,\varphi_2) = 14$, $(\varphi_3,\varphi_3) = 14.4$,

$(f,\varphi_0) = 0$, $(f,\varphi_1) = 6$, $(f,\varphi_2) = 0$, $(f,\varphi_3) = -2.4$,

所以 $a_0 = 0, a_1 = \dfrac{3}{5}, a_2 = 0, a_3 = -\dfrac{1}{6}$,故拟合的三次多项式曲线为

$$\varphi(x) = \frac{3}{5}\varphi_1(x) - \frac{1}{6}\varphi_3(x) = \frac{7}{6}x - \frac{1}{6}x^3.$$

练 习 题 4

1. 已知一组数据如下,试用最小二乘法求一次逼近多项式 $\varphi(x) = a + bx$,并求平方误差.

x	-1	0	1	2
y	0	1	2	3

2. 已知一组数据如下,求最小二乘拟合一次、二次、三次多项式.

x	1.0	1.1	1.3	1.5	1.9	2.1
y	1.84	1.96	2.21	2.45	2.94	3.18

3. 计算下列函数 $f(x)$ 关于 $C[0,1]$ 的 $\|f\|_\infty$, $\|f\|_1$ 和 $\|f\|_2$.

(1) $f(x) = \dfrac{(x+1)^{10}}{e^x}$;　　(2) $f(x) = x(1-x)$.

4. 设 $\Phi = \text{span}\{1, x^2\}$，求 $f(x) = |x|$ 在 $[-1,1]$ 上的最佳平方逼近多项式.

5. 设 $\Phi = \text{span}\{1, x^2, x^4\}$，求 $f(x) = |x|$ 在 $[-1,1]$ 上的最佳平方逼近多项式.

6. 已知函数值表，试用二次多项式拟合这组数据：

x	-2	-1	0	1	2
y	0	1	2	1	0

7. 据统计，20 世纪 60 年代世界人口（单位：百万）增长情况如下表，求最佳拟合曲线 $y = e^{a+bt}$，并预测 2000 年时的世界人口.

年	1960	1961	1962	1963	1964
人口	2972	3061	3151	3213	3234
年	1965	1966	1967	1968	
人口	3285	3356	3420	3483	

8. 求函数 $y = \arctan x$ 在 $[0,1]$ 上的一次最佳平方逼近多项式：
(1) 由基 $1, x$ 直接计算；　　(2) 由基 $1, x$ 正交化后计算；
(3) 利用 Legendre 正交多项式计算.

9. 确定参数 a, b, c，使积分 $J(a,b,c) = \displaystyle\int_{-1}^{1} (ax^2 + bx + c - \sqrt{1-x^2})^2 \cdot \dfrac{1}{\sqrt{1-x^2}} dx$ 取最小值.

第5章 数值积分和数值微分

§5.1 引　　言

5.1.1 数值积分的基本思想

积分是实际中经常遇到的问题,在数学分析中,由 Newton – Leibnitz 公式 $\int_a^b f(x)\,\mathrm{d}x = F(x)\big|_a^b = F(b) - F(a)$ 知道,如果被积函数 $f(x)$ 的原函数 $F(x)$ 满足有解析表达式且为初等函数,那么积分是容易求出的. 然而,如下三种情况需要考虑数值积分:

(1) 被积函数 $f(x)$ 的原函数 $F(x)$ 不易找到,例如如下三个积分:

$$\int \frac{\sin x}{x}\,\mathrm{d}x, \quad \int \frac{1}{\ln x}\,\mathrm{d}x, \quad \int_0^1 \mathrm{e}^{x^2}\,\mathrm{d}x.$$

(2) 尽管 $f(x)$ 的原函数能表示成有限形式,但表达式相对复杂,例如

$$\int x^2 \sqrt{2x^2+3}\,\mathrm{d}x = \frac{1}{4}x^2\sqrt{2x^2+3} + \frac{3}{16}x\sqrt{2x^2+3} - \frac{9}{16\sqrt{2}}(\ln\sqrt{2} + \sqrt{2x^2+3}) + C.$$

(3) 被积函数 $f(x)$ 没有具体的解析表达式,例如

x_i	1	2	3	4	5
$f(x_i)$	4	4.5	6	8	8.5

要求以上积分 $\int_a^b f(x)\,\mathrm{d}x$ 就需要考虑数值方法.

积分中值定理:若函数 $f(x)$ 在区间 $[a,b]$ 上连续,则在区间 $[a,b]$ 上至少存在一点 ξ,使得

$$\int_a^b f(x)\,\mathrm{d}x = (b-a)f(\xi), \quad a \leqslant \xi \leqslant b. \tag{5.1}$$

(5.1)式的几何意义是很明显的,但是 ξ 是不容易求出的,为此只能取近似值. 例如,有如下常用的近似公式:

(1) 左(下)矩形公式 $\int_a^b f(x)\,\mathrm{d}x \approx (b-a)f(a)$;

(2) 右(上)矩形公式 $\int_a^b f(x)dx \approx (b-a)f(b)$;

(3) 中矩形公式 $\int_a^b f(x)dx \approx (b-a)f\left(\dfrac{a+b}{2}\right)$;

(4) 梯形公式 $\int_a^b f(x)dx \approx \dfrac{b-a}{2}[f(a)+f(b)]$. (5.2)

梯形公式(5.2)的几何意义是,若 $f(x) \geq 0$,则用梯形面积近似曲边梯形的面积. 以后将证明,梯形公式(5.2)比以上其他的矩形公式计算效果要好. 一般地,在积分区间 $[a,b]$ 上取节点 $a = x_0 < x_1 < \cdots < x_n = b$,然后用 $f(x_k)(k=0,1,\cdots,n)$ 的加权平均作为 $f(\xi)$ 的近似值,则构造出以下公式

$$I = \int_a^b f(x)dx \approx \sum_{k=0}^n A_k f(x_k), \quad k = 0,1,\cdots,n, \quad (5.3)$$

(5.3)式称为**机械求积公式**,其中 $x_k(k=0,1,\cdots,n)$ 为**求积节点**,A_k 为**求积系数**(也称伴随节点的权),这样就避开了求原函数的问题了.

5.1.2 代数精度

上面提到的求积公式都是近似的,那么它们的近似程度如何衡量? 下面给出衡量近似程度"好坏"的一个量的概念.

定义 5.1 如果数值求积公式对于不高于 m 次的代数多项式都准确成立而存在一个 $m+1$ 次多项式不能准确成立,那么称此数值求积公式具有 m **阶代数精度**.

由于对任意 m 次多项式 $p(x) = a_0 + a_1 x + a_2 x^2 + \cdots + a_m x^m$ 有

$$\int_a^b p(x)dx - \sum_{k=0}^n A_k p(x_k) = \sum_{j=0}^m a_j \left[\int_a^b x^j dx - \sum_{k=0}^n A_k x_k^j\right], \quad (5.4)$$

所以确定代数精度只需要对幂级数 $f(x) = 1, x, x^2, \cdots, x^m$ 依次验证即可,要使机械求积公式有 m 次代数精度,只要它对于 $1, x, x^2, \cdots, x^m$ 都能准确成立而对于 x^{m+1} 不准确成立即可.

例 1 求下列求积公式的代数精度:

$$\int_0^1 f(x)dx \approx \dfrac{1}{2}[f(0)+f(1)] - \dfrac{1}{12}[f'(1)-f'(0)].$$

解 (1) 令 $f(x) = 1$,代入求积公式得左边 $= 1$,右边 $= 1$;

(2) 令 $f(x) = x$,代入求积公式得

$$左边 = \int_0^1 x dx = \dfrac{1}{2}, \quad 右边 = \dfrac{1}{2}(0+1) - \dfrac{1}{12}(1-1) = \dfrac{1}{2};$$

(3) 令 $f(x) = x^2$,代入求积公式得

$$左边 = \int_0^1 x^2 dx = \dfrac{1}{3}, \quad 右边 = \dfrac{1}{2}(0+1) - \dfrac{1}{12}(2-0) = \dfrac{1}{3};$$

(4) 令 $f(x) = x^3$,代入求积公式得

$$左边 = \int_0^1 x^3 dx = \dfrac{1}{4}, \quad 右边 = \dfrac{1}{2}(0+1) - \dfrac{1}{12}(3-0) = \dfrac{1}{4};$$

(5) 令 $f(x) = x^4$,代入求积公式得

左边 $= \int_0^1 x^4 \mathrm{d}x = \frac{1}{5}$, 右边 $= \frac{1}{2}(0+1) - \frac{1}{12}(4-0) = \frac{1}{6}$.

上述表明,求积公式对于不超过三次的多项式准确成立,而对三次以上的多项式是不准确的,因此具有三阶代数精度.

例 2 构造形如 $\int_0^{3h} f(x)\mathrm{d}x \approx A_0 f(0) + A_1 f(h) + A_2 f(2h)$ 的数值求积公式,使其代数精度尽可能高.

解 由于公式中含有三个待定系数,先令其对 $f(x) = 1, x, x^2$ 准确成立,得

$$\begin{cases} 3h = A_0 + A_1 + A_2, \\ \frac{9}{2}h^2 = hA_1 + 2hA_2, \\ 9h^3 = h^2 A_1 + 4h^2 A_2, \end{cases}$$

解之得 $\begin{cases} A_0 = \frac{3}{4}h, \\ A_1 = 0, \\ A_2 = \frac{9}{4}h, \end{cases}$ 故

$$\int_0^{3h} f(x)\mathrm{d}x \approx \frac{h}{4}[3f(0) + 9f(2h)],$$

又 $f(x) = x^3$ 时,求积公式左边 $= \frac{81}{4}h^4$,而右边 $= 18h^4$,左边 $\neq$ 右边,故只有二阶代数精度.

5.1.3 插值型求积公式

定义 5.2 要计算积分 $\int_a^b f(x)\mathrm{d}x$,假定 $f(x)$ 的多项式插值函数为 $L_n(x)$,则 $L_n(x) = \sum_{k=0}^n l_k(x) f(x_k)$,从而有

$$\int_a^b f(x)\mathrm{d}x \approx \int_a^b L_n(x)\mathrm{d}x = \sum_{k=0}^n A_k f(x_k), \tag{5.5}$$

其中 $A_k = \int_a^b l_k(x)\mathrm{d}x = \int_a^b \frac{(x-x_0)\cdots(x-x_{k-1})(x-x_{k+1})\cdots(x-x_n)}{(x_k-x_0)\cdots(x_k-x_{k-1})(x_k-x_{k+1})\cdots(x_k-x_n)}\mathrm{d}x$ 称为**求积系数**,$x_k(k=0,1,2,\cdots,n)$ 称为**求积节点**,余项 $E[f] = \int_a^b f(x)\mathrm{d}x - \sum_{k=0}^n A_k f(x_k)$ 称为**求积误差**. 积分公式(5.5)称为**插值型积分公式**,其误差为

$$E[f] = \int_a^b f(x)\mathrm{d}x - \sum_{k=0}^n A_k f(x_k) = \int_a^b \frac{f^{(n+1)}(\xi)}{(n+1)!}\omega(x)\mathrm{d}x, \quad \omega(x) = \prod_{i=0}^n (x-x_i),$$

其中 ξ 与 x 有关.

可见,若 $f(x)$ 是次数小于等于 n 的多项式,则 $E[f] = 0$,这说明插值型求积公式至少具有 n 阶代数精度.

反之,若已知某一求积公式 $I_n = \sum_{k=0}^{n} A_k f(x_k)$ 至少具有 n 阶代数精度,则它对 n 次插值基函数 $l_k(x)$ 应准确成立,从而有 $\int_a^b l_k(x) dx \xrightarrow{\text{精确}} \sum_{j=0}^{n} A_j l_k(x_j) = A_k$,由此可知,此求积公式是插值型求积公式,从而得如下定理:

定理 5.1 求积公式 $I_n = \sum_{k=0}^{n} A_k f(x_k)$ 至少具有 n 阶代数精度的充分必要条件是此公式是插值型的.

例 3 求插值型求积公式 $\int_{-1}^{1} f(x) dx \approx A_0 f(-\frac{1}{2}) + A_1 f(\frac{1}{2})$,并确定其代数精度.

解 由 $x_0 = -\frac{1}{2}, x_1 = \frac{1}{2}, l_0(x) = \frac{1}{2} - x, l_1(x) = x + \frac{1}{2}$,得求积系数为

$$A_0 = \int_{-1}^{1} (-x + \frac{1}{2}) dx = 1, \quad A_1 = \int_{-1}^{1} (x + \frac{1}{2}) dx = 1,$$

从而求积公式为

$$\int_{-1}^{1} f(x) dx \approx f(-\frac{1}{2}) + f(\frac{1}{2}),$$

且代数精度 $m \geq 1$,而对于 $f(x) = x^2$,

$$f(-\frac{1}{2}) + f(\frac{1}{2}) = \frac{1}{2} \neq \int_{-1}^{1} x^2 dx = \frac{2}{3},$$

从而 $m = 1$.

§5.2　Newton–Cotes 公式

5.2.1　几种低阶求积公式

下面先给出几种低阶求积公式:

1. 梯形求积公式(代数精度 $m = 1$)

构造线性插值函数,取 $n = 1, x_0 = a, x_1 = b, h = b - a$,则有

$$f(x) = \frac{x - x_1}{x_0 - x_1} f(x_0) + \frac{x - x_0}{x_1 - x_0} f(x_1) + \frac{f''(\xi)}{2!} (x - x_0)(x - x_1),$$

两端同时积分,可得积分系数为

$$A_0 = \int_a^b \frac{x - x_1}{x_0 - x_1} dx = \int_a^b \frac{x - b}{a - b} dx = \frac{1}{2}(b - a),$$

$$A_1 = \int_a^b \frac{x - a}{b - a} dx = \frac{1}{2}(b - a),$$

从而得到积分公式为
$$\int_a^b f(x)\,\mathrm{d}x \approx \frac{1}{2}(b-a)[f(a)+f(b)],$$

其误差为 $E[f] = \int_a^b \frac{f''(\xi)}{2!}(x-a)(x-b)\mathrm{d}x$. 由积分中值定理,$\exists \eta \in (a,b)$ 使得
$$E[f] = \frac{f''(\eta)}{2}\int_a^b (x-a)(x-b)\mathrm{d}x = -\frac{(b-a)^3}{12}f''(\eta),$$

从而可得 $|E[f]| \leq \frac{(b-a)^3}{12}\|f''\|_\infty$,其中 $\|f''\|_\infty = \max\limits_{a\leq x\leq b}|f''(x)|$.

例 4 利用梯形公式计算 $I = \int_0^1 \frac{4}{1+x^2}\mathrm{d}x$.

解 由公式(5.2)得 $I = \int_0^1 \frac{4}{1+x^2}\mathrm{d}x \approx \frac{1-0}{2}\left(\frac{4}{1+0^2}+\frac{4}{1+1^2}\right) = 3.$

例 5 利用梯形公式计算 $I = \int_0^1 \frac{1}{1+x}\mathrm{d}x$.

解 I 的准确值为 $\ln 2 \approx 0.693147$,梯形公式计算结果为
$$\int_0^1 \frac{1}{1+x}\mathrm{d}x \approx \frac{1}{2}\left(1+\frac{1}{2}\right) = 0.75,$$

计算的误差为 $\ln 2 - 0.75 \approx -0.0569$. 由于
$$f(x) = \frac{1}{1+x}, \quad f''(x) = \frac{2}{(1+x)^3}, \quad \|f''(x)\|_\infty = \max|f''(x)| = 2,$$

所以估计误差为 $|E[f]| \leq \frac{1}{12} \times 2 \times 1 = \frac{1}{6} \approx 0.16667$.

2. Simpson(辛普森)公式(代数精度 $m = 3$)

取 $n = 2, x_0 = a, x_1 = \frac{a+b}{2}, x_2 = b, h = \frac{b-a}{2}$,则求积系数分别为
$$A_0 = \int_a^b \frac{(x-x_1)(x-x_2)}{(x_0-x_1)(x_0-x_2)}\mathrm{d}x = \frac{b-a}{6}, \quad A_1 = \frac{2}{3}(b-a), \quad A_2 = \frac{b-a}{6},$$

求积公式为
$$\int_a^b f(x)\,\mathrm{d}x \approx \frac{b-a}{6}\left[f(a)+4f\left(\frac{a+b}{2}\right)+f(b)\right], \tag{5.6}$$

其误差为 $E[f] = -\frac{1}{90}\left(\frac{b-a}{2}\right)^5 f^{(4)}(\eta) = -\frac{(b-a)^5}{2880}f^{(4)}(\eta), a < \eta < b.$

推导过程如下:将 $f(x)$ 在 $[a,b]$ 中点 $x_1 = \frac{a+b}{2}$ 处 Taylor 展开,得
$$f(x) = f(x_1) + f'(x_1)(x-x_1) + \frac{f''(x_1)}{2!}(x-x_1)^2 + \frac{f'''(x_1)}{3!}(x-x_1)^3$$
$$+ \frac{f^{(4)}(\eta)}{4!}(x-x_1)^4,$$

故而
$$\int_a^b f(x)\,\mathrm{d}x \approx f(x_1)(b-a) + \frac{f''(x_1)}{3}\left(\frac{b-a}{2}\right)^3 + \frac{f^{(4)}(\eta)}{60}\left(\frac{b-a}{2}\right)^5,$$

由于

$$f(a) = f(x_1) - f'(x_1)\left(\frac{b-a}{2}\right) + \frac{f''(x_1)}{2!}\left(\frac{b-a}{2}\right)^2 - \frac{f'''(x_1)}{3!}\left(\frac{b-a}{2}\right)^3$$
$$+ \frac{f^{(4)}(\eta)}{4!}\left(\frac{b-a}{2}\right)^4,$$

$$f(b) = f(x_1) + f'(x_1)\left(\frac{b-a}{2}\right) + \frac{f''(x_1)}{2!}\left(\frac{b-a}{2}\right)^2 + \frac{f'''(x_1)}{3!}\left(\frac{b-a}{2}\right)^3$$
$$+ \frac{f^{(4)}(\eta)}{4!}\left(\frac{b-a}{2}\right)^4,$$

代入 Simpson 公式(5.6), 得

$$\frac{b-a}{6}\left[f(a) + 4f\left(\frac{a+b}{2}\right) + f(b)\right]$$
$$= (b-a)f\left(\frac{a+b}{2}\right) + \frac{f''(x_1)}{3}\left(\frac{b-a}{2}\right)^3 + \frac{f^{(4)}(\eta)}{36}\left(\frac{b-a}{2}\right)^5,$$

从而误差为

$$E[f] = \int_a^b f(x)\,\mathrm{d}x - \frac{b-a}{6}\left[f(a) + 4f\left(\frac{a+b}{2}\right) + f(b)\right]$$
$$= -\frac{f^{(4)}(\eta)}{90}\left(\frac{b-a}{2}\right)^5 = -\frac{1}{2880}(b-a)^5 f^{(4)}(\eta), \quad a < \eta < b.$$

注 Simpson 公式通常也称为**抛物形公式**.

例 6 利用 Simpson 公式计算 $I = \int_0^1 \frac{4}{1+x^2}\mathrm{d}x$.

解 $I = \int_0^1 \frac{4}{1+x^2}\mathrm{d}x \approx \frac{1-0}{6}\left(\frac{4}{1+0^2} + 4\cdot\frac{4}{1+0.5^2} + \frac{4}{1+1^2}\right) = \frac{47}{15} \approx 3.1333$.

例 7 利用 Simpson 公式计算 $I = \int_0^1 \frac{1}{1+x}\mathrm{d}x$.

解 $I = \int_0^1 \frac{1}{1+x}\mathrm{d}x \approx \frac{1-0}{6}\left(\frac{1}{1+0} + 4\cdot\frac{1}{1+0.5} + \frac{1}{1+1}\right) = \frac{25}{36} \approx 0.69444$,

计算的误差为 $\ln 2 - 0.69444 \approx -0.00130$, 由于 $f^{(4)}(x) = \frac{4!}{(1+x)^5}$, $\|f\|_\infty = 4!$, 所以估计误差为

$$|E[f]| \leq \frac{4!}{2880} = \frac{1}{120} \approx 0.0083.$$

3. Cotes(科特斯) 公式 (代数精度 $m = 5$)

分别取如下参数 $n = 4, x_0 = a, x_1 = x_0 + h, x_2 = x_0 + 2h, x_3 = x_0 + 3h, x_4 = x_0 + 4h = b$, $h = \frac{b-a}{4}$, 则求积系数分别为

$$A_0 = A_4 = \frac{7}{90}(b-a), \quad A_1 = A_3 = \frac{32}{90}(b-a), \quad A_2 = \frac{12}{90}(b-a),$$

从而有

$$\int_a^b f(x)\,\mathrm{d}x \approx \frac{b-a}{90}[7f(x_0) + 32f(x_1) + 12f(x_2) + 32f(x_3) + 7f(x_4)]$$

$$= \frac{b-a}{90}[7f(a) + 32f(a+h) + 12f(a+2h) + 32f(a+3h) + 7f(b)].$$

可以证明,Cotes(科特斯)公式的余项为

$$E[f] = -\frac{8}{945}\left(\frac{b-a}{4}\right)^7 f^{(6)}(\eta), \quad a < \eta < b.$$

例 8 利用 Cotes 公式计算 $I = \int_0^1 \frac{4}{1+x^2}dx$.

解 $I = \int_0^1 \frac{4}{1+x^2}dx$

$\approx \frac{1}{90}[7f(0) + 32f(0.25) + 12f(0.5) + 32f(0.75) + 7f(1)]$

$= \frac{1}{90}(7 \times 4 + 32 \times \frac{64}{17} + 12 \times \frac{6}{5} + 32 \times \frac{64}{25} + 7 \times 2)$

$= 3.1421.$

5.2.2 Newton–Cotes 公式

定义 5.3 设 $[a,b]$ 是一有限区间,令 $h = \frac{b-a}{n}, x_i = x_0 + ih(i = 0,1,2,\cdots,n)$,即 $x_0 = a, x_1 = a+h, \cdots, x_n = a+nh = b$,由等距节点得到的插值型求积公式通常称为 **Newton–Cotes 公式(牛顿–科特斯公式)**.

设 $h = \frac{b-a}{n}$,令 $x = a + th$,则求积系数

$$A_k = \int_a^b l_k(x)dx = h\int_0^n \left(\prod_{\substack{i=0 \\ i \neq k}}^n \frac{t-i}{k-i}\right)dx = (b-a)C_k^{(n)},$$

其中 $C_k^{(n)} = \frac{1}{n}\frac{(-1)^k}{k!(n-k)!}\int_0^n \left[\prod_{\substack{i=0 \\ i \neq k}}^n (t-i)\right]dt, k = 0,1,\cdots,n.$ 因此,Newton–Cotes 公式为

$$\int_a^b f(x)dx \approx (b-a)\sum_{k=0}^n C_k^{(n)}f(x_k), \tag{5.7}$$

其中 $x_k = a + k\frac{b-a}{n}, k = 0,1,\cdots,n$,求积系数 $C_k^{(n)}$ 独立于区间 $[a,b]$ 称为 **Cotes 系数**.

特别地,$n = 1$ 时,两个求积系数分别为 $C_0^{(1)} = \frac{1}{2}, C_1^{(1)} = \frac{1}{2}$,得求积公式为

$$\int_a^b f(x)dx \approx \frac{b-a}{2}[f(a) + f(b)],$$

此即为**梯形公式**.

$n = 2$ 时,三个求积系数分别为 $C_0^{(2)} = \frac{1}{6}, C_1^{(2)} = \frac{4}{6}, C_2^{(2)} = \frac{1}{6}$,得求积公式为

$$\int_a^b f(x)dx \approx \frac{b-a}{6}\left[f(a) + 4f\left(\frac{a+b}{2}\right) + f(b)\right],$$

此公式即为 **Simpson 公式**.

$n = 3$ 和 $n = 4$ 时 Newton – Cotes 公式分别为 **Simpson $\frac{3}{8}$ 公式**和 **Cotes 公式**,真正建立求积公式时,不需要计算 Cotes 系数,只需查表即可,见表 5 – 1.

表 5 – 1 Cotes 系数表

n	$C_k^{(n)}$								
1	$\frac{1}{2}$	$\frac{1}{2}$							
2	$\frac{1}{6}$	$\frac{4}{6}$	$\frac{1}{6}$						
3	$\frac{1}{8}$	$\frac{3}{8}$	$\frac{3}{8}$	$\frac{1}{8}$					
4	$\frac{7}{90}$	$\frac{16}{45}$	$\frac{2}{15}$	$\frac{16}{45}$	$\frac{7}{90}$				
5	$\frac{19}{288}$	$\frac{25}{96}$	$\frac{25}{144}$	$\frac{25}{144}$	$\frac{25}{96}$	$\frac{19}{288}$			
6	$\frac{41}{840}$	$\frac{9}{35}$	$\frac{9}{280}$	$\frac{34}{105}$	$\frac{9}{280}$	$\frac{9}{35}$	$\frac{41}{840}$		
7	$\frac{751}{17280}$	$\frac{3577}{17280}$	$\frac{1323}{17280}$	$\frac{2989}{17280}$	$\frac{2989}{17280}$	$\frac{1323}{17280}$	$\frac{3577}{17280}$	$\frac{751}{17280}$	
8	$\frac{989}{28350}$	$\frac{5888}{28350}$	$\frac{-928}{28350}$	$\frac{10496}{28350}$	$\frac{-4540}{28350}$	$\frac{10496}{28350}$	$\frac{-928}{28350}$	$\frac{5888}{28350}$	$\frac{989}{28350}$

例 9 试用梯形求积公式、抛物形求积公式、Cotes 求积公式计算定积分 $\int_{0.5}^{1} \sqrt{x}\,\mathrm{d}x$.

解 (1) 利用梯形求积公式有

$$\int_{0.5}^{1} \sqrt{x}\,\mathrm{d}x \approx \frac{1-0.5}{2}(\sqrt{0.5}+1) = 0.4267767.$$

(2) 用抛物形求积公式计算有

$$\int_{0.5}^{1} \sqrt{x}\,\mathrm{d}x \approx \frac{1-0.5}{6}(\sqrt{0.5}+4\sqrt{0.75}+1) = 0.43093403.$$

(3) 用 Cotes 求积公式,由表 5 – 1 得

$$\int_{0.5}^{1} \sqrt{x}\,\mathrm{d}x \approx (1-0.5)\left(\frac{7}{90}\sqrt{0.5}+\frac{16}{45}\sqrt{0.675}+\frac{2}{15}\sqrt{0.75}+\frac{16}{45}\sqrt{0.875}+\frac{7}{90}\sqrt{1}\right)$$

$$= 0.43096407.$$

积分的准确值为 $\int_{0.5}^{1} \sqrt{x}\,\mathrm{d}x = 0.43096441$. 可见,三个公式中 Cotes 求积公式计算最精确,但是计算量也最大.

由于 Newton – Cotes 公式随着求积节点的增多有可能导致求积系数出现负数,例如 $n = 8, x_i = a+ih, h = \frac{b-a}{8}, i = 0,1,2,\cdots,8$,其中系数 A_2 为

$$A_2 = \int_a^b \frac{(x-x_0)(x-x_1)(x-x_3)(x-x_4)(x-x_5)(x-x_6)(x-x_7)(x-x_8)}{(x_2-x_0)(x_2-x_1)(x_2-x_3)(x_2-x_4)(x_2-x_5)(x_2-x_6)(x_2-x_7)(x_2-x_8)}\,\mathrm{d}x$$

$$= -\frac{928(b-a)}{28350},$$

此时对应的公式**不具有稳定性**,故不可能通过提高阶的方法来提高求解精度. 为了提高求解精度,通常把积分区间分成若干子区间(通常**等分**),再在每个子区间上使用低阶求积公式,这种方法称为**复化积分法**.

§5.3 复化求积公式

设将 $[a,b]$ 区间 n 等分,步长 $h = \dfrac{b-a}{n}$,节点为 $x_k = a + kh, k = 0,1,\cdots,n$,在每个小区间 $[x_k, x_{k+1}]$ 上用 Newton-Cotes 求积公式,然后求和,则得**复化求积公式**.

5.3.1 复化梯形公式

将 $[a,b]$ 区间 n 等分,$h = \dfrac{b-a}{n}, x_k = a + kh(k = 0,1,\cdots,n)$,即在每个小区间 $[x_k, x_{k+1}]$ 上利用梯形公式:

$$\begin{aligned}\int_a^b f(x)\,\mathrm{d}x &= \sum_{k=0}^{n-1}\int_{x_k}^{x_{k+1}} f(x)\,\mathrm{d}x = \sum_{k=0}^{n-1}\left\{\frac{x_{k+1}-x_k}{2}[f(x_k)+f(x_{k+1})]\right\}\\ &= \frac{h}{2}\sum_{k=0}^{n-1}[f(x_k)+f(x_{k+1})]\\ &= \frac{h}{2}\Big[f(a)+2\sum_{k=1}^{n-1}f(x_k)+f(b)\Big],\end{aligned} \quad (5.8)$$

误差为 $R[T_n] = I - T_n = \sum_{k=0}^{n-1}\left[-\dfrac{h^3}{12}f''(\eta_k)\right], \eta_k \in (x_k, x_{k+1})$. 由于 $f(x) \in C^2[a,b]$ 且 $f''(x)$ 在 $[a,b]$ 上必存在最大值 M 和最小值 m,故必有 $m \le \dfrac{1}{n}\sum_{k=0}^{n-1} f''(\eta_k) \le M$,由连续函数的介值定理,必存在一点 $\xi \in [a,b]$ 使得 $f''(\xi) = \dfrac{1}{n}\sum_{k=0}^{n-1} f''(\eta_k)$,从而有

$$R[T_n] = -\frac{h^3}{12}nf''(\xi) = -\frac{b-a}{12}h^2 f''(\xi) \text{ 或 } -\frac{(b-a)^3}{12n^2}f''(\xi).$$

由余项公式可知,在给定精度要求下,可以决定积分区间的等分数 n.

例 10 利用复化梯形公式计算积分 $I = \int_0^1 \dfrac{\sin x}{x}\,\mathrm{d}x$ 使其误差界为 10^{-4},应将积分区间 $[0,1]$ 多少等分?

解 设 $f(x) = \dfrac{\sin x}{x} = \int_0^1 \cos(tx)\,\mathrm{d}t$,则

$$f^{(k)}(x) = \int_0^1 \frac{d^k}{dx^k}(\cos tx)dt = \int_0^1 t^k \cos\left(tx + \frac{k\pi}{2}\right)dt,$$

从而
$$|f^{(k)}(x)| \leq \int_0^1 \left|t^k \cos\left(tx + \frac{k\pi}{2}\right)\right|dt \leq \int_0^1 t^k dt = \frac{1}{k+1},$$

故由
$$|E[f]| = \left|-\frac{1-0}{12}h^2 f''(\xi)\right| \leq \frac{h^2}{12} \times \frac{1}{2+1} = \frac{h^2}{36} \leq 10^{-4},$$

得 $h \leq 6 \times 10^{-2}$,即 $n = \frac{1}{h} \geq \frac{1}{6} \times 10^2 \approx 16.67$,故应该 17 等分,需 $n+1 = 18$ 个节点.

5.3.2 复化 Simpson 公式

将 $[a,b]$ 区间 n 等分,$h = \frac{b-a}{n}$,$x_k = a + kh(k=0,1,2,\cdots,n)$,在区间 $[x_k, x_{k+1}]$ 上利用 Simpson 公式:

$$\begin{aligned}
\int_a^b f(x)dx &= \sum_{k=0}^{n-1} \int_{x_k}^{x_{k+1}} f(x)dx \\
&= \sum_{k=0}^{n-1} \frac{x_{k+1} - x_k}{6}[f(x_k) + 4f(x_{k+\frac{1}{2}}) + f(x_{k+1})] \quad (5.9) \\
&= \frac{h}{6}\left[f(a) + f(b) + 2\sum_{k=1}^{n-1} f(x_k) + 4\sum_{k=0}^{n-1} f(x_{k+\frac{1}{2}})\right],
\end{aligned}$$

其中 $x_{k+\frac{1}{2}} = \frac{1}{2}(x_k + x_{k+1})$,余项为

$$\begin{aligned}
R[S_n] &= \sum_{k=0}^{n-1}\left[-\frac{1}{90}\left(\frac{x_{k+1} - x_k}{2}\right)^5 f^{(4)}(\eta_k)\right] \\
&= -\frac{1}{90}\left(\frac{h}{2}\right)^5 \sum_{k=0}^{n-1} f^{(4)}(\eta_k) \\
&= -\frac{1}{90}\left(\frac{h}{2}\right)^5 n f^{(4)}(\xi) \\
&= -\frac{b-a}{180}\left(\frac{h}{2}\right)^4 f^{(4)}(\xi), \quad \xi \in [a,b].
\end{aligned}$$

例 11 利用复化 Simpson 公式计算积分 $I = \int_0^1 \frac{\sin x}{x}dx$ 使其误差界为 10^{-4},应将积分区间 $[0,1]$ 多少等分?

解 由 $|f^{(k)}| \leq \frac{1}{k+1}$,

$$|R[S_n]| \leq \left|-\frac{1-0}{180}\left(\frac{h}{2}\right)^4 f^{(4)}(\xi)\right| \leq \frac{h^4}{2880} \times \frac{1}{4+1} = \frac{h^4}{14400} \leq 10^{-4},$$

得 $h \leq \frac{1}{5}\sqrt{30}$,于是 $n = \frac{1}{h} \geq \frac{5}{\sqrt{30}} \approx 0.9129$,故取 $n = 1$,即直接对区间 $[0,1]$ 使用 Simpson 公式即可达到所要求的精度,需要 $2n+1 = 3$ 个节点.

可见同等精度要求下,复化 Simpson 公式优于复化梯形公式.

例 12 利用下列数据表计算积分 $I = \int_0^1 \dfrac{4}{1+x^2}\mathrm{d}x$,其中精确值 $I = \pi$.

x	0	0.125	0.25	0.375	0.5
$f(x)$	4	3.93846	3.76470	3.50685	3.2000
x	0.625	0.75	0.875	1	
$f(x)$	2.87640	2.46000	2.26549	2.00000	

解 (1) $n = 8$,用复化梯形公式:

$$T_8 = \dfrac{1}{8} \times \dfrac{1}{2}\left[f(0) + 2f\left(\dfrac{1}{8}\right) + 2f\left(\dfrac{1}{4}\right) + 2f\left(\dfrac{3}{8}\right)\right.$$
$$\left. + 2f\left(\dfrac{1}{2}\right) + 2f\left(\dfrac{5}{8}\right) + 2f\left(\dfrac{3}{4}\right) + 2f\left(\dfrac{7}{8}\right) + f(1)\right]$$
$$= 3.138988494.$$

(2) $n = 4$,用复化 Simpson 公式:

$$S_4 = \dfrac{1}{4} \times \dfrac{1}{6}\left[f(0) + 4f\left(\dfrac{1}{8}\right) + 2f\left(\dfrac{1}{4}\right) + 4f\left(\dfrac{3}{8}\right)\right.$$
$$\left. + 2f\left(\dfrac{1}{2}\right) + 4f\left(\dfrac{5}{8}\right) + 2f\left(\dfrac{3}{4}\right) + 4f\left(\dfrac{7}{8}\right) + f(1)\right]$$
$$= 3.141592502.$$

可见,复化梯形公式和复化 Simpson 公式都需要 9 个点,但复化 Simpson 公式更精确.

5.3.3 复化 Cotes 公式

将 $[a,b]$ 区间 n 等分,$h = \dfrac{b-a}{n}$,$x_k = a + kh(k = 0,1,2,\cdots,n)$,$x_{k+\frac{1}{4}} = a + \left(k + \dfrac{1}{4}\right)h$,$x_{k+\frac{1}{2}} = a + \left(k + \dfrac{1}{2}\right)h$,$x_{k+\frac{3}{4}} = a + \left(k + \dfrac{3}{4}\right)h$,从而有

$$\int_a^b f(x)\mathrm{d}x = \dfrac{h}{90}\left[7f(a) + 32\sum_{k=0}^{n-1} f(x_{k+\frac{1}{4}}) + 12\sum_{k=0}^{n-1} f(x_{k+\frac{1}{2}}) + 32\sum_{k=0}^{n-1} f(x_{k+\frac{3}{4}}) + 14\sum_{k=0}^{n-1} f(k)\right.$$
$$\left. + 7f(b)\right] - \dfrac{2(b-a)}{945}\left(\dfrac{h}{4}\right)^6 f^{(6)}(\eta), \quad \eta \in (a,b). \tag{5.10}$$

例 13 计算定积分 $I = \int_0^1 \mathrm{e}^x \mathrm{d}x$,使误差不超过 $\dfrac{1}{2} \times 10^{-5}$,若分别用复化梯形公式、复化 Simpson 公式、复化 Cotes 公式,各需要取几个求积节点?

解 由于 $f(x) = \mathrm{e}^x$,$f^{(k)}(x) = \mathrm{e}^x$,$b - a = 1$,则

(1) 使用复化梯形公式,由于

$$|R[T_n]| = \left|-\frac{b-a}{12}h^2 f''(\eta)\right| \leq \frac{1}{12}\left(\frac{1}{n}\right)^2 e \leq \frac{1}{2}\times 10^{-5},$$

即 $n \geq 212.85$, 故取 $n = 213$, 即取 $n+1 = 214$ 个节点.

(2) 使用复化 Simpson 公式, 由于

$$|R[S_n]| = \left|-\frac{b-a}{2880}h^4 f^{(4)}(\eta)\right| \leq \frac{1}{2880}\left(\frac{1}{n}\right)^4 e \leq \frac{1}{2}\times 10^{-5},$$

即 $n \geq 3.71$, 故取 $n = 4$, 即取 $2n+1 = 9$ 个节点.

(3) 复化 Cotes 公式, 由于

$$|R[C_n]| = \left|-\frac{2(b-a)}{945}\left(\frac{h}{4}\right)^6 f^{(6)}(\eta)\right| \leq \frac{1}{1935360}\left(\frac{1}{n}\right)^6 e \leq \frac{1}{2}\times 10^{-5},$$

即 $n \geq 0.86$, 故取 $n = 1$, 即取 $4n+1 = 5$ 个节点.

§5.4 Romberg 积分法

5.4.1 Richardson 外推算法

利用复化梯形公式计算积分 $I = \int_a^b f(x)\mathrm{d}x$ 时, 将 $[a,b]$ 区间 n 等分, 步长 $h = \frac{b-a}{n}$, 记 $T_n(f) = \frac{h}{2}\sum_{k=0}^{n-1}[f(x_k)+f(x_{k+1})]$, 由于 n 与 h 相联系, 因此也可以用 h 表示, $T_f(h) = T_n(f)$, 由于 $f(x)$ 为被积函数, 故有时仅记为 $T(h)$. 若 $f \in C^{2m+2}[a,b]$, 则

$$I - T(h) = a_2 h^2 + a_4 h^4 + a_6 h^6 + \cdots + O(h^{2m+2}) = O(h^2). \quad (5.11)$$

若 h 减少一半, 即 n 增加一倍, 则有

$$I - T\left(\frac{h}{2}\right) = a_2\left(\frac{h}{2}\right)^2 + a_4\left(\frac{h}{2}\right)^4 + a_6\left(\frac{h}{2}\right)^6 + \cdots = \frac{1}{4}a_2 h^2 + \frac{1}{16}a_4 h^4 + \cdots. \quad (5.12)$$

用(5.12)式的 4 倍减去(5.11)式, 得

$$3I = 4T\left(\frac{h}{2}\right) - T(h) + \left(\frac{1}{4}-1\right)a_4 h^4 + \cdots,$$

即

$$I = \frac{1}{3}\left[4T\left(\frac{h}{2}\right) - T(h)\right] + O(h^4),$$

也就是说利用 $T(h)$ 和 $T\left(\frac{h}{2}\right)$ 的线性组合 $\frac{1}{3}\left[4T\left(\frac{h}{2}\right) - T(h)\right]$, 使得误差阶由 $O(h^2)$ 提高到 $O(h^4)$, 这种方法称为 **Richardson 外推算法**.

记 $S(h) = \frac{1}{3}\left[4T\left(\frac{h}{2}\right) - T(h)\right]$, 即为把区间 n 等分后利用复化 Simpson 公式, 由

$$I - S(h) = b_1 h^4 + b_2 h^6 + \cdots + O(h^{2m+2}), \tag{5.13}$$

$$I - S\left(\frac{h}{2}\right) = b_1 \left(\frac{h}{2}\right)^4 + b_2 \left(\frac{h}{2}\right)^6 + \cdots, \tag{5.14}$$

用(5.14)式的16倍减去(5.13),得

$$15I = 16S\left(\frac{h}{2}\right) - S(h) + \left(\frac{1}{4} - 1\right) b_2 h^6 + \cdots,$$

从而有

$$I = \frac{1}{15}\left[16S\left(\frac{h}{2}\right) - S(h)\right] + O(h^6).$$

记 $C(h) = \frac{1}{15}\left[16S\left(\frac{h}{2}\right) - S(h)\right]$,即把区间$[a,b]$分为$n$个子区间的复化Cotes公式,进一步可得逼近阶为$O(h^8)$的公式 $R(h) = \frac{1}{63}\left[64C\left(\frac{h}{2}\right) - C(h)\right]$.

5.4.2 Romberg 算法

Romberg 算法是利用两个相邻的近似公式(其中一个公式是由另一个公式的分半得到的)的线性组合而得到更好的近似公式的方法(逐次分半加速法),各种近似公式见表5-2.

表 5 - 2 $I = \int_a^b f(x) \mathrm{d}x$ 的各种近似公式及代数精度

公式	名称	代数精度
$T(h) = \frac{b-a}{2}[f(a) + f(b)] + O(h^2)$	梯形公式	1
$S(h) = \frac{4^1 T\left(\frac{h}{2}\right) - T(h)}{4^1 - 1} + O(h^4)$	Simpson 公式	3
$C(h) = \frac{4^2 S\left(\frac{h}{2}\right) - S(h)}{4^2 - 1} + O(h^6)$	Cotes 公式	5
$R(h) = \frac{4^3 C\left(\frac{h}{2}\right) - C(h)}{4^3 - 1} + O(h^8)$	Romberg 公式	7
$D(h) = \frac{4^4 R\left(\frac{h}{2}\right) - R(h)}{4^4 - 1} + O(h^{10})$	D 公式	9
$E(h) = \frac{4^5 D\left(\frac{h}{2}\right) - D(h)}{4^5 - 1} + O(h^{12})$	E 公式	11

若引入符号 $T_0(h) = T(h), T_1(h) = S(h), T_2(h) = C(h), T_3(h) = R(h)$ 等,则将上式写成统一形式 $T_m(h) = \frac{4^m T_{m-1}\left(\frac{h}{2}\right) - T_{m-1}(h)}{4^m - 1}, m = 1, 2, \cdots$,经过 m 次加速后有

$T_m(h) = I + O(h^{2(m+1)})$,代数精度为 $2m+1$,算法设计如下:

Step 1:输入 a,b 及精度 ε;

Step 2:$h = b-a, T_1^1 = \dfrac{h}{2}[f(a)+f(b)]$;

Step 3:取 $i=1, m=1, n=2$,对分区间 $[a,b]$,并计算 T_m^{i+1}, T_{m+1}^{i+1},以及
$$T_1^{i+1} = \frac{1}{2}T_1^i + \frac{h}{2}\sum_{k=0}^{n-1}f(x_{k+\frac{1}{2}}), \quad T_{m+1}^{i+1} = \frac{4^m T_m^{i+1} - T_m^i}{4^m - 1};$$

Step 4:若不满足终止条件,作循环 $i:=i+1, h:=h/2, n:=2n$,计算
$$T_1^{i+1} = \frac{1}{2}T_1^i + \frac{h}{2}\sum_{k=0}^{n-1}f(x_{k+\frac{1}{2}}),$$

对 $m=1,2,\cdots,i$,计算 $T_{m+1}^{i+1} = \dfrac{4^m T_m^{i+1} - T_m^i}{4^m - 1}$.

§5.5 Gauss 型求积公式

5.5.1 最高阶代数精度求积公式

插值型求积公式是在固定求积节点的前提下导出的,它的代数精度不会是最优的,如果将一般求积形式 $\int_a^b f(x)\mathrm{d}x \approx \sum_{k=0}^n A_k f(x_k)$ 的求积节点 x_k 和求积系数 A_k 都作为待定参数,那么能否适当选择 x_k 和 A_k 使得此求积公式具有最高阶的代数精度?最高阶代数精度是多少?先看下面的例子.

例 14 确定参数 A_0, A_1, x_0 和 x_1,使求积公式 $\int_{-1}^1 f(x)\mathrm{d}x \approx A_0 f(x_0) + A_1 f(x_1)$ 的代数精度尽可能高.

解 首先有 $A_0 = \int_{-1}^1 \dfrac{x-x_1}{x_0-x_1}\mathrm{d}x = \dfrac{2x_1}{x_1-x_0}, A_1 = \int_{-1}^1 \dfrac{x-x_0}{x_1-x_0}\mathrm{d}x = -\dfrac{2x_0}{x_1-x_0}$,由于是插值型的,其代数精度 $m \geq 1$. 令 $f(x) = x^2$,有
$$\int_{-1}^1 x^2 \mathrm{d}x = \frac{2}{3} \text{ 及 } A_0 x_0^2 + A_1 x_1^2 = -2x_1 x_0,$$

故只要有 $x_0 x_1 = -\dfrac{1}{3}$,就有 $m \geq 2$. 进一步取 $f(x) = x^3$,有
$$\int_{-1}^1 x^3 \mathrm{d}x = 0, \quad A_0 x_0^3 + A_1 x_1^3 = -2x_0 x_1(x_0+x_1) = \frac{2}{3}(x_0+x_1),$$

从而解方程组 $\begin{cases} x_0 x_1 = -\dfrac{1}{3}, \\ x_0 + x_1 = 0, \end{cases}$ 就有 $m \geq 3$. 上述方程组的解为 $x_0 = -\dfrac{\sqrt{3}}{3}$ 和 $x_1 = \dfrac{\sqrt{3}}{3}$,对应的

求积公式为 $\int_{-1}^{1} f(x)\mathrm{d}x \approx f\left(-\frac{\sqrt{3}}{3}\right) + f\left(\frac{\sqrt{3}}{3}\right)$. 对于 $f(x) = x^4$, 有 $f\left(-\frac{\sqrt{3}}{3}\right) + f\left(\frac{\sqrt{3}}{3}\right) = \frac{2}{9} \neq \int_{-1}^{1} x^4 \mathrm{d}x = \frac{2}{5}$. 因此此两个节点的求积公式, 代数精度最高为 $m = 3$.

对于任意求积节点 $a = x_0 < x_1 < \cdots < x_n = b$ 和取任意求积系数, 求积公式 $\int_a^b \rho(x) f(x) \mathrm{d}x \approx \sum_{k=0}^{n} A_k f(x_k)$ 的代数精度 m 必小于 $2n + 2$, 这是因为对于 $2n + 2$ 次多项式 $f(x) = [(x - x_0)(x - x_1) \cdots (x - x_n)]^2$ 有 $\int_a^b \rho(x) f(x) \mathrm{d}x > 0$, 而 $\sum_{k=0}^{n} A_k f(x_k) = 0$, $f(x)$ 是 $2n + 2$ 次代数多项式, 从而 $m < 2n + 2$. 在上例中 $m = 3 = 2 \times 1 + 1 = 2n + 1$, 这是最高能达到的代数精度了. 下面利用正交多项式的根来构造代数精度能达到最高的求积公式.

定理 5.2 若 $a < x_0 < x_1 < \cdots < x_n < b$ 是 $[a, b]$ 上关于权函数 $\rho(x)$ 的 $n + 1$ 次正交多项式 $P_{n+1}(x)$ 的根, 则插值型求积公式 $\int_a^b \rho(x) f(x) \mathrm{d}x \approx \sum_{k=0}^{n} A_k f(x_k)$ 具有代数精度 $m = 2n + 1$.

证明 设 $f(x)$ 为任一次数 $m \leq 2n + 1$ 的代数多项式, 则有 $f(x) = P_{n+1}(x) q(x) + r(x)$, 其中 $q(x)$ 和 $r(x)$ 为次数 $\leq n$ 的多项式, 于是

$$\int_a^b \rho(x) f(x) \mathrm{d}x = \int_a^b \rho(x) P_{n+1}(x) q(x) \mathrm{d}x + \int_a^b \rho(x) r(x) \mathrm{d}x$$

$$= (P_{n+1}, q) + \int_a^b \rho(x) r(x) \mathrm{d}x,$$

其中 (P_{n+1}, q) 表示 $P_{n+1}(x)$ 与 $q(x)$ 在 $[a, b]$ 上带权 $\rho(x)$ 的内积. 由于 $P_{n+1}(x)$ 是 $n + 1$ 次正交多项式, $q(x)$ 次数小于等于 n, 它们的内积为 0, 而 $r(x)$ 次数不高于 n, 故对于插值型求积公式有

$$\int_a^b \rho(x) r(x) \mathrm{d}x = \sum_{k=0}^{n} A_k r(x_k) = \sum_{k=0}^{n} A_k f(x_k),$$

从而 $\int_a^b \rho(x) f(x) \mathrm{d}x = \sum_{k=0}^{n} A_k f(x_k)$ 对所有次数 $m \leq 2n + 1$ 的代数多项式 $f(x)$ 成立.

定义 5.4 若求积公式 $\int_a^b f(x) \mathrm{d}x \approx \sum_{k=0}^{n} A_k f(x_k)$ 具有 $2n + 1$ 阶代数精度, 则称其为 **Gauss 型求积公式**, Gauss 型公式的求积节点称为 **Gauss 点**.

关于 Gauss 点有以下结论:

定理 5.3 对于插值型求积公式 (5.5), 其节点 $x_k (k = 0, 1, \cdots, n)$ 是 Gauss 点的充分必要条件是 $n + 1$ 次多项式

$$w_{n+1}(x) = \prod_{k=0}^{n} (x - x_k) \tag{5.15}$$

与任意次数不超过 n 的多项式 $P(x)$ 均正交, 即有

$$\int_a^b P(x) w_{n+1}(x) \mathrm{d}x = 0. \tag{5.16}$$

证明 必要性:因为 $x_k(k=0,1,\cdots,n)$ 为 Gauss 点,又 $w_{n+1}(x)P(x)$ 为次数不超过 $2n+1$ 的多项式,所以(5.15)式对公式(5.16)应准确成立,即有 $\int_a^b P(x)w_{n+1}(x)\mathrm{d}x = \sum_{k=0}^n P(x_k)w_{n+1}(x_k) = 0$,上式最后一步是由于 x_k 是 $w_{n+1}(x)$ 的零点.

充分性:在(5.16)式成立的条件下,要证(5.15)有 $2n+1$ 阶代数精度. 设 $f(x)$ 为次数不超过 $2n+1$ 的多项式,用 $w_{n+1}(x)$ 除 $f(x)$ 后设商为 $P(x)$,余式为 $Q(x)$,即有 $f(x)=w_{n+1}(x)P(x)+Q(x)$,其中 $P(x)$ 和 $Q(x)$ 均为次数不超过 n 的多项式. 积分并注意到(5.16)式成立,得 $\int_a^b f(x)\mathrm{d}x = \int_a^b Q(x)\mathrm{d}x$,又因为公式(5.15)是插值型的,应至少有 n 阶代数精度,从而对 $Q(x)$ 应准确成立,故有

$$\int_a^b Q(x)\mathrm{d}x = \sum_{k=0}^n A_k Q(x_k) = \sum_{k=0}^n A_k[w_{n+1}(x_k)P(x_k)+Q(x_k)] = \sum_{k=0}^n A_k f(x_k),$$

所以(5.15)式对 $f(x)$ 是 $2n+1$ 次多项式能准确成立,从而 $x_k(k=0,1,\cdots,n)$ 为 Gauss 点.

5.5.2 几个常见的 Gauss 型求积公式

例 15 导出一点 Gauss 公式 $\int_a^b f(x)\mathrm{d}x \approx A_0 f(x_0)$.

解 由于该公式具有 1 阶代数精度,令 $f(x)=1,x$,则有 $A_0=b-a, A_0 x_0 = \dfrac{b^2-a^2}{2}$,解得 $A_0=b-a, x_0=\dfrac{a+b}{2}$,即 $\int_a^b f(x)\mathrm{d}x \approx (b-a)f\left(\dfrac{a+b}{2}\right)$.

例 16 构造 Gauss 型求积公式 $\int_0^1 \sqrt{x} f(x)\mathrm{d}x \approx A_0 f(x_0) + A_1 f(x_1)$,求其系数和节点.

解 令 $f(x),1,x,x^2,x^3$,则可得以下 4 个方程:

$$A_0+A_1=\frac{2}{3}, \quad A_0 x_0 + A_1 x_0 = \frac{2}{5}, \quad A_0 x_0^2 + A_1 x_1^2 = \frac{2}{7}, \quad A_0 x_0^3 + A_1 x_1^3 = \frac{2}{9}.$$

由于 $x_0 A_0 + x_1 A_1 = x_0(A_0+A_1) + (x_1-x_0)A_1$,因此利用上一式子可将下一式子化为

$$\frac{2}{3}x_0 + (x_1-x_0)A_1 = \frac{2}{5}, \quad \frac{2}{5}x_0 + (x_1-x_0)x_1 A_1 = \frac{2}{7}, \quad \frac{2}{7}x_0 + (x_1-x_0)x_1^2 A_1 = \frac{2}{9},$$

消去 $(x_1-x_0)A_1$,得

$$\frac{2}{5}x_0 + \left(\frac{2}{5}-\frac{2}{3}x_0\right)x_1 = \frac{2}{7}, \quad \frac{2}{7}x_0 + \left(\frac{2}{7}-\frac{2}{5}x_0\right)x_1 = \frac{2}{9},$$

进一步有

$$x_0 x_1 = \frac{5}{21}, \quad x_0+x_1 = \frac{10}{9},$$

解得

$$x_0 = \frac{35+2\sqrt{70}}{63} = 0.821162, \quad x_1 = \frac{35-2\sqrt{70}}{63} = 0.289949,$$

$$A_0 = 0.389111, \quad A_1 = 0.277556,$$

故有

$$\int_0^1 \sqrt{x} f(x) \mathrm{d}x \approx 0.389111 f(0.821162) + 0.277556 f(0.289949).$$

例 17 导出两点 Gauss 公式 $\int_a^b f(x) \mathrm{d}x \approx A_0 f(x_0) + A_1 f(x_1)$.

解 利用变换 $x = \dfrac{a+b}{2} + \dfrac{b-a}{2} t$ 可以将区间 $[a,b]$ 变成 $[-1,1]$, 从而积分变为

$$\int_a^b f(x) \mathrm{d}x = \frac{b-a}{2} \int_{-1}^1 f\left(\frac{1}{2}(a+b) + \frac{1}{2}(b-a)t\right) \mathrm{d}t = \frac{b-a}{2} \int_{-1}^1 g(t) \mathrm{d}t,$$

问题就变成了如何选择节点 t_0, t_1 及系数 T_0, T_1 使

$$\int_{-1}^1 g(t) \mathrm{d}t \approx T_0 g(t_0) + T_1 g(t_1). \tag{5.17}$$

为了使 (5.17) 对 $g(t) = 1, t, t^2, t^3$ 都能精确成立, 只要解如下非线性方程组即可:

$$(1) T_0 + T_1 = 2;\ (2) T_0 t_0 + T_1 t_1 = 0;\ (3) T_0 t_0^2 + T_1 t_1^2 = \frac{2}{3};\ (4) T_0 t_0^3 + T_1 t_1^3 = 0.$$

当 t_0, t_1 已知时, 方程 (2) 和 (4) 是关于系数 T_0, T_1 的齐次线性方程组, 由于 T_0, T_1 不全为零, 由 Cramer 法则有 $\begin{vmatrix} t_0 & t_1 \\ t_0^3 & t_1^3 \end{vmatrix} = t_0 t_1 (t_1^2 - t_0^2) = 0$. 又易知 $t_0 t_1 \neq 0$, 故 $t_0^2 = t_1^2 = t$, 代入方程 (1) 和 (3) 得 $t = \dfrac{1}{3}$, 从而有 $t_0 = -\dfrac{1}{\sqrt{3}}$ 和 $t_1 = \dfrac{1}{\sqrt{3}}$, 再由方程 (1) 和 (2) 得系数 $T_0 = T_1 = 1$, 从而公式 (5.17) 变为 $\int_{-1}^1 g(t) \mathrm{d}t \approx g\left(-\dfrac{1}{\sqrt{3}}\right) + g\left(\dfrac{1}{\sqrt{3}}\right)$, 故而有两点 Gauss 公式为

$$\int_a^b f(x) \mathrm{d}x \approx \frac{b-a}{2}\left[f\left(-\frac{b-a}{2\sqrt{3}} + \frac{a+b}{2}\right) + f\left(\frac{b-a}{2\sqrt{3}} + \frac{a+b}{2}\right)\right].$$

5.5.3 Gauss – Legendre 求积公式

为便于讨论, 只考虑 $[-1,1]$ 区间上的 Gauss 公式:

$$\int_{-1}^1 f(x) \mathrm{d}x \approx \sum_{k=0}^n A_k f(x_k), \tag{5.18}$$

对于一般情况, 只需通过变换 $x = \dfrac{a+b}{2} + \dfrac{b-a}{2} t$ 即可化为 $[-1,1]$ 区间上的积分.

由于 Legendre 多项式是 $[-1,1]$ 区间上的正交多项式, 因此 $n+1$ 次 Legendre 多项式 $P_{n+1}(x)$ 的 $n+1$ 个零点就是求积公式 (5.18) 的 Gauss 点, 这是因为任何次数不超过 n 的多项式 $P(x)$ 都可以写成 $P_0(x), P_1(x), \cdots, P_n(x)$ 的线性组合, 即

$$P(x) = a_0 P_0(x) + a_1 P_1(x) + \cdots + a_n P_n(x),$$

由 $P_{n+1}(x)$ 的正交性得 $\int_{-1}^1 P_{n+1}(x) P(x) \mathrm{d}x = 0$, 即 $P_{n+1}(x)$ 与任何次数不超过 n 的多项式 $P(x)$ 正交. 用 Legendre 多项式 $P_{n+1}(x)$ 的 $n+1$ 个零点作为插值节点所构造的求积公式

称为 **Gauss – Legendre 公式**.

$n = 0$ 时,$P_1(x) = x$ 的零点为 $x = 0$,构造求积公式为 $\int_{-1}^{1} f(x)\mathrm{d}x \approx A_0 f(0)$,令公式对 $f(x) = 1$ 成立,得 $A_0 = 2$,从而得到**一点 Gauss – Legendre 求积公式**为

$$\int_{-1}^{1} f(x)\mathrm{d}x \approx 2f(0),$$

可见此为**中矩形公式**.

$n = 1$ 时,$P_2(x) = \frac{1}{2}(3x^2 - 1)$ 的两个零点为 $x_{1,2} = \pm \frac{1}{\sqrt{3}}$,构造求积公式为

$$\int_{-1}^{1} f(x)\mathrm{d}x \approx A_0 f\left(-\frac{1}{\sqrt{3}}\right) + A_1 f\left(\frac{1}{\sqrt{3}}\right),$$

令公式对 $f(x) = 1, x$ 成立,得 $\begin{cases} A_0 + A_1 = 2, \\ -A_0 \frac{1}{\sqrt{3}} + A_1 \frac{1}{\sqrt{3}} = 0, \end{cases}$ 解之得 $A_0 = A_1 = 1$,从而得到**两点 Gauss – Legendre 求积公式**为

$$\int_{-1}^{1} f(x)\mathrm{d}x \approx f\left(-\frac{1}{\sqrt{3}}\right) + f\left(\frac{1}{\sqrt{3}}\right).$$

定理 5.4 区间 $[-1,1]$ 上的 n 阶 Gauss 点恰为 Legendre 多项式 $L_n(x)$ 的根,其中

$$L_n(x) = \frac{1}{2^n n!} \frac{\mathrm{d}^n}{\mathrm{d}x^n}[(x^2 - 1)^n].$$

例 18 导出三点 Gauss 公式 $\int_{-1}^{1} f(x)\mathrm{d}x \approx A_0 f(x_0) + A_1 f(x_1) + A_2 f(x_2)$.

解 由 $L_3(x) = \frac{1}{2}(5x^3 - 3x)$ 得 $[-1,1]$ 上三个 Gauss 点为 $x_0 = -\sqrt{\frac{3}{5}}, x_1 = 0$, $x_2 = \sqrt{\frac{3}{5}}$,再利用待定系数法求得 $A_0 = A_2 = \frac{5}{9}, A_1 = \frac{8}{9}$,于是**三点 Gauss 公式**为

$$\int_{-1}^{1} f(x)\mathrm{d}x \approx \frac{5}{9}f\left(-\sqrt{\frac{3}{5}}\right) + \frac{8}{9}f(0) + \frac{5}{9}f\left(\sqrt{\frac{3}{5}}\right),$$

该公式具有 5 阶代数精度.

6 阶以下 Gauss 求积公式的 Gauss 点及求积系数如下表 5 – 3 所示.

表 5 – 3 6 阶以下 Gauss 求积公式的 Gauss 点和求积系数

n	Gauss 点	求积系数	代数精度
1	0	2	1
2	± 0.577350	1	3
3	0	0.888889	5
	± 0.774597	0.555556	

n	Gauss 点	求积系数	代数精度
4	± 0.861136	0.347855	7
	± 0.339981	0.652145	
5	0	0.568889	9
	± 0.906180	0.236927	
	± 0.538469	0.478629	
6	± 0.932470	0.131725	11
	± 0.661209	0.360762	
	± 0.238619	0.467914	

续表

5.5.4　Gauss 公式的稳定性

定理 5.5　Gauss 公式的求积系数 $A_k(k=0,1,\cdots,n)$ 全是正的.

证明　由于 Lagrange 插值多项式的插值基函数 $l_k(x) = \prod\limits_{\substack{k=0 \\ k \neq j}}^{n} \dfrac{x - x_j}{x_k - x_j}$ 为 n 次多项式, 而 $l_k^2(x)$ 为 $2n$ 次多项式, 所以 Gauss 公式对 $l_k^2(x)$ 应准确成立, 即有

$$0 < \int_a^b l_k^2(x)\,\mathrm{d}x = \sum_{i=0}^{n} A_i l_k^2(x_i) = A_k, \quad k = 0,1,\cdots,n.$$

例 19　证明不存在 A_k 和 $x_k(k=0,1,\cdots,n)$, 使求积公式 $\int_a^b \rho(x)f(x)\,\mathrm{d}x \approx \sum\limits_{k=0}^{n} A_k f(x_k)$ 的代数精度超过 $2n+1$.

证明　假设存在这样的 A_k 和 $x_k(k=0,1,\cdots,n)$ 使求积公式对任意 $2n+2$ 次多项式 $f(x)$ 精确成立, 今取 $f(x) = w_{n+1}^2(x)$ 为一个 $2n+2$ 次多项式, 则求积公式左边等于 $\int_a^b \rho(x)f(x)\,\mathrm{d}x = \int_a^b \rho(x) w_{n+1}^2(x)\,\mathrm{d}x > 0$, 而右边 $\sum\limits_{k=0}^{n} A_k f(x_k) = \sum\limits_{k=0}^{n} A_k w_{n+1}^2(x_k) = 0$, 与假设矛盾, 所以 Gauss 型求积公式是具有最高阶代数精度的求积公式.

§5.6　数值微分

5.6.1　数值微分的概念

定义 5.5　已知 $f(x)$ 在 $x = a$ 处的导数 $f'(a) = \lim\limits_{\Delta x \to 0} \dfrac{f(a + \Delta x) - f(a)}{\Delta x}$, 分别取 $\Delta x = h$ 及

$\Delta x = -h$ 得

$$f'(a) \approx \frac{f(a+h) - f(a)}{h}, \quad (5.19)$$

$$f'(a) \approx \frac{f(a) - f(a-h)}{h}, \quad (5.20)$$

称为步长为 h 的 $f(x)$ 在 a 处的**数值微分**,(5.19) 式称为**向前差商公式**,(5.20) 式称为**向后差商公式**,将(5.19) 式和(5.20) 式平均得

$$f'(a) \approx \frac{f(a+h) - f(a-h)}{2h}, \quad (5.21)$$

称为**中心差商公式**.

当然,也可考虑用 Taylor 展开构造数值微分:

(1) $\quad f(a+h) = f(a) + f'(a)h + \frac{1}{2}f''(\xi)h^2,$

$\quad f(a-h) = f(a) - f'(a)h + \frac{1}{2}f''(\eta)h^2,$

故而有

$f'(a) \approx \frac{f(a+h) - f(a)}{h}$,此为向前差商公式,其误差为 $-\frac{h}{2}f''(\xi)$;

$f'(a) \approx \frac{f(a) - f(a-h)}{h}$,此为向后差商公式,其误差为 $\frac{h}{2}f''(\eta)$.

(2) $\quad f(a+h) = f(a) + f'(a)h + \frac{1}{2}f''(a)h^2 + \frac{1}{6}f'''(\xi_1)h^3,$

$\quad f(a-h) = f(a) - f'(a)h + \frac{1}{2}f''(a)h^2 - \frac{1}{6}f'''(\xi_2)h^3,$

令 $f'''(\xi) = \frac{1}{2}[f'''(\xi_1) + f'''(\xi_2)]$,则有 $f'(a) \approx \frac{f(a+h) - f(a-h)}{2h}$,此为中心差商公式,其误差 $-\frac{1}{6}f'''(\xi)h^2$.

5.6.2 插值型求导公式

定义 5.6 设 $f(x)$ 是定义在 $[a,b]$ 上的函数,且在 $[a,b]$ 上给定互异节点 x_0, $x_1, \cdots, x_n$,可以构造 $f(x)$ 的 n 次插值多项式 $p_n(x)$,从而 $f'(x) \approx p_n'(x)$ 称为**插值型求导公式**.

1. 两点公式

取 $x_0, x_1 = x_0 + h$ 两点进行线性插值,得

$$L_1(x) = \frac{x - x_1}{x_0 - x_1}f(x_0) + \frac{x - x_0}{x_1 - x_0}f(x_1) = -\frac{x - x_1}{h}f(x_0) + \frac{x - x_0}{h}f(x_1),$$

得 $L_1'(x) = \frac{1}{h}[-f(x_0) + f(x_1)]$,从而有

$$f'(x_0) \approx L_1'(x_0) = \frac{1}{h}[f(x_1) - f(x_0)],$$

故 $f'(a) = \frac{1}{h}[f(a+h) - f(a)]$ 称为**向前差商公式**,其精度为 $O(h)$.

2. 三点公式

取 $x_0, x_1 = x_0 + h, x_2 = x_0 + 2h$ 进行二次插值,得

$$L_2(x) = \frac{(x-x_1)(x-x_2)}{(x_0-x_1)(x_0-x_2)}f(x_0) + \frac{(x-x_0)(x-x_2)}{(x_1-x_0)(x_1-x_2)}f(x_1)$$
$$+ \frac{(x-x_1)(x-x_1)}{(x_2-x_0)(x_2-x_1)}f(x_2),$$

令 $x = x_0 + th$,则有

$$L_2(x_0 + th) = \frac{1}{2}(t-1)(t-2)f(x_0) - t(t-2)f(x_1) + \frac{1}{2}t(t-1)f(x_2),$$

两端对 t 求导,得

$$L_2'(x_0 + th) = \frac{1}{2h}[(2t-3)f(x_0) - 4(t-1)f(x_1) + (2t-1)f(x_2)].$$

$t = 0$ 时,$f'(x_0) \approx L_2'(x_0) = \frac{1}{2h}[-3f(x_0) + 4f(x_1) - f(x_2)]$;

$t = 1$ 时,$f'(x_1) \approx L_2'(x_1) = \frac{1}{2h}[-f(x_0) + f(x_2)]$;

$t = 2$ 时,$f'(x_2) \approx L_2'(x_2) = \frac{1}{2h}[f(x_0) - 4f(x_1) + 3f(x_2)].$

从而得

$$f'(a) = \frac{1}{2h}[-3f(a) + 4f(a+h) - f(a+2h)] \text{ 为向前差商公式;}$$

$$f'(a) = \frac{1}{2h}[f(a+h) - f(a-h)] \text{ 为中心差商公式;}$$

$$f'(a) = \frac{1}{2h}[f(a-2h) - 4f(a-h) + 3f(a)] \text{ 为向后差商公式.}$$

3. 高阶数值公式

对 $L_2'(x_0 + th) = \frac{1}{2h}[(2t-3)f(x_0) - 4(t-1)f(x_1) + (2t-1)f(x_2)]$ 再求导一次,有

$$L_2''(x_0 + th) = \frac{1}{h^2}[f(x_0) - 2f(x_1) + f(x_2)],$$

$t = 1$ 时,

$$f''(x_1) \approx L_2''(x_1) = \frac{1}{h^2}[f(x_0) - 2f(x_1) + f(x_2)],$$

故而

$$f''(a) = \frac{1}{h^2}[f(a-h) - 2f(a) + f(a+h)]$$

为中心差商公式,其精度为 $O(h^2)$.

例 20 用三点公式求 $f(x) = \dfrac{1}{(1+x)^2}$ 在 $x = 1.0, 1.1$ 和 1.2 处的导数值.

解 由于 $h = 0.1$,函数值分别为

x	1.0	1.1	1.2
$f(x)$	0.2500	0.2268	0.2066

则有

$$f'(x_0) = \frac{1}{2h}[-3f(x_0) + 4f(x_1) - f(x_2)] = -0.247,$$

$$f'(x_1) = \frac{1}{2h}[-f(x_0) + f(x_2)] = -0.217,$$

$$f'(x_2) = \frac{1}{2h}[f(x_0) - 4f(x_1) + 3f(x_2)] = -0.187.$$

由 $f(x) = \dfrac{1}{(1+x)^2}$ 得 $f'(x) = -\dfrac{2}{(1+x)^3}$,因而精确解为

$$f'(1.0) = -0.250, \quad f'(1.1) = -0.216, \quad f'(1.2) = -0.188.$$

练 习 题 5

1. 确定 $\int_{-1}^{1} f(x)\,\mathrm{d}x \approx \dfrac{1}{3}[f(-1) + 4f(0) + f(1)]$ 的代数精度.

2. 确定下列求积公式中的待定参数,使其代数精度尽量高,并指明其代数精度.

(1) $\int_{-2h}^{2h} f(x)\,\mathrm{d}x \approx \dfrac{h}{3}[af(-h) + bf(0) + cf(h)]$;

(2) $\int_{0}^{h} f(x)\,\mathrm{d}x \approx \dfrac{h}{2}[f(0) + f(h)] + \alpha h^2 [f'(0) - f'(h)]$.

3. 已知 $x_0 = \dfrac{1}{4}, x_1 = \dfrac{1}{2}, x_2 = \dfrac{3}{4}$.

(1) 推导以这三个点作为求积节点在 $[0,1]$ 上的插值型求积公式;

(2) 指明求积公式所具有的代数精度;

(3) 用所求公式计算 $\int_{0}^{1} x^2\,\mathrm{d}x$.

4. 用 Simpson 公式求积分 $\int_{0}^{1} \mathrm{e}^{-x}\,\mathrm{d}x$,并估计误差.

5. 试推导 $n = 3, h = \dfrac{b-a}{3}$ 时的积分公式,此公式称为 Simpson $\dfrac{3}{8}$ 公式.

6. 利用下表数据用梯形公式、Simpson 公式和 Cotes 公式分别计算 $I = \int_{0}^{1} \dfrac{\sin x}{x}\,\mathrm{d}x$ 的近

似值(精确值 $I = 0.946083070367183\cdots$).

x	0	0.25	0.5	0.75	1
$f(x)$	1	0.989616	0.955851	0.908852	0.841471

7. 计算定积分 $I = \int_0^1 e^x dx$,使误差不超过 $\frac{1}{2} \times 10^{-5}$,若分别用复化梯形公式、复化 Simpson 公式、复化 Cotes 公式,各需要取几个求积节点?

8. 利用下列数据分别用复化梯形公式和复化 Simpson 公式计算积分 $I = \int_0^1 \frac{\sin x}{x} dx$.

x	0	0.125	0.25	0.375	0.5
$f(x)$	1	0.9973978	0.9896158	0.9767267	0.9588510
x	0.625	0.75	0.875	1	
$f(x)$	0.9361556	0.9088516	0.8771925	0.8414709	

9. 设 $f(x) = e^x$,给出如下数据:

x	2.6	2.7	2.8
$f(x)$	13.4637	14.8797	16.4446

分别用向前差商、向后差商、中心差商公式计算 $f'(2.7)$ 和 $f''(2.7)$.

第6章 函数方程求根

§6.1 二 分 法

6.1.1 问题的提出

定义 6.1 科学与工程计算中很多问题的求解最终可归结为解方程 $f(x)=0$,当 $f(x) = a_0 + a_1 x + \cdots + a_n x^n (a_n \neq 0)$ 时为**代数方程**,否则称为**超越方程**.

例如,$x^4 - 8x^3 + 26x^2 - 43x + \pi = 0$ 为代数方程,$\sin\frac{\pi}{2}x - e^{-x} = 0$ 为超越方程.

已经证明,对于 5 次及 5 次以上的一元多项式方程不存在精确的求根公式,超越方程更难求其精确解.

定义 6.2 若有 x^* 使 $f(x^*)=0$,则 x^* 为方程 $f(x)=0$ 的**根**,或称**零点**. 若有 $f(x) = (x-x^*)^m g(x)$,其中 $g(x^*) \neq 0$,m 为正整数,则称 x^* 为方程 $f(x)=0$ 的 m **重根**,且有 $f(x^*) = f'(x^*) = \cdots = f^{(m-1)}(x^*) = 0, f^{(m)}(x^*) \neq 0$.

定义 6.3 若在区间 $[a,b]$ 内只有方程 $f(x)=0$ 的一个根,则称 $[a,b]$ 为**隔根区间**,通常采用**逐步扫描法**来寻找 $f(x)=0$ 的隔根区间.

由微积分知识知道,若 $f(x)$ 在 $[a,b]$ 上连续,且 $f(a)f(b)<0$,则 $f(x)=0$ 在 $[a,b]$ 内至少有一个根,此时区间 $[a,b]$ 称为有根区间. 以后若无特殊说明,总假定 $f(x)=0$ 是有解的.

逐步扫描法基本思路如下:先确定 $f(x)=0$ 所有实根所在区间 $[a,b]$,再按迭代步长 $h = \dfrac{b-a}{n}$ 逐步计算在点 $x_k = a+kh$ 处的函数值 $f(x_k)$,$k=0,1,2,\cdots,n$,当 $f(x_k) \cdot f(x_{k+1}) < 0$ 时,$[x_k, x_{k+1}]$ 即为方程 $f(x)=0$ 的一个隔根区间.

例 1 求方程 $x^3 - 11.1x^2 + 38.8x - 41.77 = 0$ 的隔根区间.

解 设 $f(x) = x^3 - 11.1x^2 + 38.8x - 41.77$,则有如下函数表:

x	0	1	2	3	4	5	6
$f(x)$	−	−	+	+	−	−	+

则隔根区间为 $[1,2]$, $[3,4]$ 和 $[5,6]$.

例 2 求方程 $x^3 + x^2 - 3x - 3 = 0$ 的隔根区间.

解 仿例 1,隔根区间为 $[-1.8, -1.2]$, $[-1.2, -0.6]$ 以及 $[1.2, 1.8]$.

6.1.2 二分法

二分法的基本思想:若 $f(x)$ 连续,且在 $[a,b]$ 上有 $f(a)f(b) < 0$,则 $f(x)$ 在 $[a,b]$ 上必有零点 x^* 存在,令 $x_0 = \dfrac{a+b}{2}$,则

(1) 若 $f(x_0) = 0$,则 x_0 即为所求根;

(2) 若 $f(a)f(x_0) > 0$,则一定有 $f(b)f(x_0) < 0$,从而 $[x_0, b]$ 为有根区间;

(3) 若 $f(a)f(x_0) < 0$,则 $[a, x_0]$ 为有根区间.

反复进行下去,则有 $[a,b] \supset [a_1, b_1] \supset [a_2, b_2] \supset \cdots \supset [a_n, b_n] \supset \cdots$,其中每个区间长度均为前一个区间长度的一半,记 $x_n = \dfrac{a_n + b_n}{2}$,则有

$$|x_n - x^*| = \left|\frac{a_n + b_n}{2} - x^*\right| = \left|\frac{1}{2}(a_n - x^*) + \frac{1}{2}(b_n - x^*)\right|$$

$$\leq \frac{1}{2}(|a_n - x^*| + |b_n - x^*|) = \frac{1}{2}[(x^* - a_n) + (b_n - x^*)]$$

$$= \frac{1}{2}(b_n - a_n) = \frac{b-a}{2^{n+1}},$$

当 $n \to \infty$ 时, $|x_n - x^*| \to 0$,所以 $\lim\limits_{n \to \infty} x_n = x^*$.

在实际计算时,常常采用以下几种方法作为终止条件:

(1) 给定精度 $\delta > 0$,若对 $x_k = \dfrac{a_k + b_k}{2}$ 有 $|f(x_k)| \leq \delta$,则可停止,取 $x^* \approx x_k = \dfrac{a_k + b_k}{2}$;

(2) 给定精度 $\varepsilon > 0$,若有某个有根区间 $[a_k, b_k]$ 的长度满足 $b_k - a_k \leq \varepsilon$,则可停止,取 $x^* \approx x_k = \dfrac{a_k + b_k}{2}$;

(3) 对于给定的精度 $\varepsilon > 0$,若要求 $|x^* - x_n| < \varepsilon$,则可以计算出所需二分的次数 n. 事实上,可以进行迭代次数估计,给定精度 $\varepsilon > 0$,欲使 $|x^* - x_n| < \varepsilon$,只要 $\dfrac{b-a}{2^{n+1}} < \varepsilon$,由此得 $n > \log_2\left(\dfrac{b-a}{\varepsilon}\right) - 1$.

例 3 用二分法求 $e^{-x} - \sin\dfrac{\pi x}{2} = 0$ 在区间 $[0,1]$ 内的一个根,要求误差不超过 $\dfrac{1}{2^5}$.

解 因为 $f(0) = 1 > 0$, $f(1) = -0.6321 < 0$, $\forall x \in [0,1]$, $f'(x) = -e^{-x} - \dfrac{\pi}{2}\cos\dfrac{\pi x}{2} < 0$, 所以 $f(x)$ 在区间 $[0,1]$ 上仅有一根, $n = [\log_2(2^5) - 1] = 4$.

n	a_n	b_n	x_n	$f(x_n)$	隔根区间
0	0	1	0.5	−	$[0, 0.5]$
1	0	0.5	0.25	+	$[0.25, 0.5]$
2	0.25	0.5	0.375	+	$[0.375, 0.5]$
3	0.375	0.5	0.4375	+	$[0.4375, 0.5]$
4	0.4375	0.5	0.4688		

取 $x^* \approx x_4 = \dfrac{0.4375 + 0.5}{2} = 0.4688.$

注 二分法的优点是计算简单,对函数的光滑性要求不高,缺点是收敛较慢且不能求偶重根.因此,二分法一般不单独用于求根,通常用于确定某迭代法的初始近似值.

§6.2 不动点迭代

6.2.1 不动点和不动点迭代法

定义 6.4 将方程 $f(x)=0$ 改写成等价形式 $x=\varphi(x)$,如果 x^* 满足 $x^*=\varphi(x^*)$,则称 x^* 为 $\varphi(x)$ 的一个**不动点**.

定义 6.5 设 $\varphi(x)$ 连续,可以构造如下迭代公式:$x_{n+1}=\varphi(x_n), n=0,1,2,\cdots$. 若 $\lim\limits_{n\to\infty} x_n = x^*$,则称迭代收敛,此时有 $x^* = \lim\limits_{n\to\infty} x_{n+1} = \lim\limits_{n\to\infty} \varphi(x_n) = \varphi(\lim\limits_{n\to\infty} x_n) = \varphi(x^*)$,此迭代称为**不动点迭代**.

例 4 已知方程 $x^3 + 4x^2 - 10 = 0$ 在区间 $[1,2]$ 上有一个根,试建立不动点迭代格式.

解 (1) 由 $x = x - x^3 - 4x^2 + 10$,取 $\varphi(x) = x - x^3 - 4x^2 + 10$,则建立不动点迭代格式为

$$x_{k+1} = x_k - x_k^3 - 4x_k^2 + 10, \quad k = 0, 1, 2, \cdots.$$

(2) 由 $x^2 = \dfrac{10 - x^3}{4}$ 取正根,故 $\varphi(x) = \dfrac{1}{2}\sqrt{10 - x^3}$,则建立不动点迭代格式为

$$x_{k+1} = \dfrac{1}{2}\sqrt{10 - x_k^3}, \quad k = 0, 1, 2, \cdots.$$

(3) 由 $x^2 = \dfrac{10}{x} - 4x$ 取正根,故 $\varphi(x) = \sqrt{\dfrac{10}{x} - 4x}$,则建立不动点迭代格式为

$$x_{k+1} = \sqrt{\dfrac{10}{x_k} - 4x_k}, \quad k = 0, 1, 2, \cdots.$$

(4) 由 $x = \sqrt{\dfrac{10}{4+x}}$,故 $\varphi(x) = \sqrt{\dfrac{10}{4+x}}$,则建立不动点迭代格式为

$$x_{k+1} = \sqrt{\frac{10}{4+x_k}}, \quad k = 0,1,2,\cdots.$$

取初始值 $x_0 = 1.5$,方法(1)(3)不收敛,方法(2)迭代 25 步得 $x_{25} = 1.36523001$,方法(4)迭代 8 步有 $x_8 = 1.36523001$,具体计算见表 6-1.

表 6-1 不同方法不动点迭代结果

x_k	方法(1)	方法(2)	方法(3)	方法(4)
x_0	1.5	1.5	1.5	1.5
x_1	-0.875	1.28695377	0.8165	1.3439973
x_2	6.732	1.40254080	2.9969	1.36737637
x_3	-496.7	1.34545838	$\sqrt{-8.65}$	1.3649570
x_4	1.03×10^8	1.37517025		1.36526475
x_8		1.36591673		1.36523002
x_9		1.36487822		1.36523001
x_{23}		1.36522998		
x_{25}		1.36523001		

注 不同迭代格式有的收敛,有的发散,收敛时收敛速度也有所不同.

例 5 求方程 $f(x) = x^3 - x - 1 = 0$ 在 $x_0 = 1.5$ 附近的根 x^*.

解 由 $x = \sqrt[3]{x+1}$,建立不动点迭代格式为 $x_{k+1} = \sqrt[3]{x_k+1}, k = 0,1,2,\cdots$. 当 $k = 0,1,2,\cdots,8$ 时,计算结果分别为

1.5, 1.35721, 1.33086, 1.32588, 1.32494,
1.32476, 1.32473, 1.32472, 1.32472.

注 若 $x = x^3 - 1$,则建立不动点迭代格式为 $x_{k+1} = x_k^3 - 1$,取 $x_0 = 1.5$,计算结果为 $x_1 = 2.375, x_2 = 12.39$,故而迭代发散.

6.2.2 不动点的存在性与迭代法的收敛性

定理 6.1 对于方程 $f(x) = 0$ 的等价形式 $x = \varphi(x)$,若迭代函数 $\varphi(x)$ 满足:
(1) $\varphi(x) \in C[a,b]$;
(2) $\forall x \in [a,b]$,有 $\varphi(x) \in [a,b]$,即 $a \leq x \leq b$ 时,有 $a \leq \varphi(x) \leq b$;
(3) $\forall x \in [a,b]$,有 $|\varphi'(x)| \leq L < 1$,

则有
(1) $x = \varphi(x)$ 在 $[a,b]$ 上有唯一解 x^*;
(2) $\forall x_0 \in [a,b]$,迭代过程 $x_{k+1} = \varphi(x_k)(k=0,1,\cdots)$ 收敛于方程 $x = \varphi(x)$ 的根 x^*;
(3) $|x^* - x_k| \leq \dfrac{1}{1-L}|x_{k+1} - x_k|$;

(4) $|x^* - x_k| \leq \dfrac{L^k}{1-L}|x_1 - x_0|$.

证明 (1) 存在性：令 $h(x) = \varphi(x) - x$，则 $h(x) \in C[a,b]$，且 $h(a) \geq 0, h(b) \leq 0$，由连续函数性质知，至少有一个 $x^* \in [a,b]$ 使 $h(x^*) = \varphi(x^*) - x^* = 0$.

唯一性：设两个解 $x^*, \bar{x} \in [a,b]$，使 $x^* = \varphi(x^*)$ 及 $\bar{x} = \varphi(\bar{x})$，由中值定理得，$x^* - \bar{x} = \varphi(x^*) - \varphi(\bar{x}) = \varphi'(\xi)(x^* - \bar{x})$，其中 ξ 在 x^* 与 $\bar{x}$ 之间，故有 $(x^* - \bar{x})[1 - \varphi'(\xi)] = 0$，由于 $1 - \varphi'(\xi) > 0$，所以 $x^* = \bar{x}$.

(2) 由中值定理得 $x^* - x_{k+1} = \varphi(x^*) - \varphi(x_k) = \varphi'(\xi)(x^* - x_k)$，则有
$$|x^* - x_{k+1}| \leq L|x^* - x_k|, \tag{6.1}$$
反复利用(6.1)式得
$$|x^* - x_{k+1}| \leq L|x^* - x_k| \leq L^2|x^* - x_{k-1}| \leq \cdots \leq L^{k+1}|x^* - x_0|,$$
注意到 $L < 1$，故 $|x^* - x_{k+1}| \xrightarrow{k \to \infty} 0$，即 $x_k \xrightarrow{k \to \infty} x^*$.

(3) 由中值定理得
$$|x_{k+1} - x_k| = |\varphi(x_k) - \varphi(x_{k-1})| = |\varphi'(\xi)(x_k - x_{k-1})| \leq L|x_k - x_{k-1}|, \tag{6.2}$$
同时，有
$$\begin{aligned}
|x_{k+1} - x_k| &= |(x^* - x_k) - (x^* - x_{k+1})| \\
&\geq |x^* - x_k| - |x^* - x_{k+1}| \\
&\geq |x^* - x_k| - L|x^* - x_k| \\
&= (1 - L)|x^* - x_k|,
\end{aligned}$$
两边除以 $1 - L$，结论得证.

(4) 由结论(3)及(6.2)式得
$$|x^* - x_k| \leq \frac{1}{1-L}|x_{k+1} - x_k| \leq \frac{L}{1-L}|x_k - x_{k-1}| \leq \cdots \leq \frac{L^k}{1-L}|x_1 - x_0|.$$

说明 由结论 $|x^* - x_k| \leq \dfrac{1}{1-L}|x_{k+1} - x_k|$ 知，要使 $|x^* - x_k| \leq \varepsilon$，只需 $|x_{k+1} - x_k|$ 小于某一正数即可.

例6 利用适当的迭代格式证明 $1 + \cfrac{1}{1 + \cfrac{1}{1+\cdots}} = \dfrac{1+\sqrt{5}}{2}$.

解 记 $x_k = 1 + \cfrac{1}{1 + \cfrac{1}{1+\cdots}}$，则有递推式 $x_{k+1} = 1 + \dfrac{1}{x_k}, k = 0, 1, 2, \cdots$，令 $\varphi(x) = 1 + \dfrac{1}{x}$，则 $\varphi'(x) = -\dfrac{1}{x^2}$，设 $\varphi(x)$ 有不动点 x^*，即 $x^* = 1 + \dfrac{1}{x^*}$，得 $x^* = \dfrac{1+\sqrt{5}}{2}$，另一方面，因 $|\varphi'(x^*)| = \dfrac{1}{\left(\dfrac{1+\sqrt{5}}{2}\right)^2} < 1$，故 x_k 收敛于 x^*.

定理 6.2 设 x^* 为 $x = \varphi(x)$ 的根，$\varphi'(x)$ 在 x^* 的邻域内连续，且 $|\varphi'(x^*)| \leq L < 1$，则迭代过程 $x_{k+1} = \varphi(x_k)$ 在 x^* 的邻域内具有局部收敛性.

证明 由于 $|\varphi'(x^*)| \leq L < 1$，又 $\varphi'(x)$ 在 x^* 的邻域内连续，故存在 x^* 的某一邻域 $R: |x - x^*| < \delta$，使得对任意 $x \in R$，有 $|\varphi'(x)| \leq L < 1$，又对任意 $x \in R$，有

$$|\varphi(x) - x^*| = |\varphi(x) - \varphi(x^*)| \leq L|x - x^*| < |x - x^*| < \delta,$$

即对任意 $x \in R$，有 $\varphi(x) \in R$。由定理 6.1 知，$x_{k+1} = \varphi(x_k)$ 收敛。

6.2.3 收敛速度

定义 6.6 设 $\lim\limits_{k \to \infty} x_k = x^*$，令 $e_k = x_k - x^*$，若存在某个实数 $p \geq 1$ 及常数 $c > 0$，使得 $\lim\limits_{k \to \infty} \dfrac{|e_{k+1}|}{|e_k|^p} = c$ 成立，则称迭代法是 p **阶收敛**的。收敛阶 p 刻画了迭代法的收敛速度，p 越大收敛越快，当 $p = 1$ 且 $0 < c < 1$ 时为线性收敛，$p > 1$ 时为超线性收敛，$p = 2$ 时为平方收敛。

定理 6.3 对于迭代过程 $x_{k+1} = \varphi(x_k)$，若 $\varphi^{(p)}(x)$ 在 x^* 的附近连续，且

$$\varphi'(x^*) = \varphi''(x^*) = \cdots = \varphi^{(p-1)}(x^*) = 0, \quad \text{而} \quad \varphi^{(p)}(x^*) \neq 0,$$

则该迭代过程在 x^* 的附近是 p 阶收敛的。

证明 首先由 $\varphi'(x^*) = 0$ 知，迭代过程 $x_{k+1} = \varphi(x_k)$ 具有局部收敛性。其次，将 $\varphi(x_k)$ 在 x^* 点作 Taylor 展开得

$$\varphi(x_k) = \varphi[x^* + (x_k - x^*)] = \varphi(x^*) + \varphi'(x^*)(x_k - x^*) + \frac{\varphi''(x^*)}{2!}(x_k - x^*)^2 + \cdots$$

$$+ \frac{\varphi^{(p-1)}(x^*)}{(p-1)!}(x_k - x^*)^{p-1} + \frac{\varphi^{(p)}(\xi)}{p!}(x_k - x^*)^p,$$

其中 ξ 在 x_k 与 x^* 之间。由条件知 $\varphi(x_k) = \varphi(x^*) + \dfrac{\varphi^{(p)}(\xi)}{p!}(x_k - x^*)^p$，即

$$x_{k+1} - x^* = \frac{\varphi^{(p)}(\xi)}{p!}(x_k - x^*)^p,$$

所以有 $\lim\limits_{k \to \infty} \dfrac{x_{k+1} - x^*}{(x_k - x^*)^p} = \lim\limits_{k \to \infty} \dfrac{\varphi^{(p)}(\xi)}{p!}$，由于 ξ 在 x_k 与 x^* 之间，又由收敛性知 $x_k \xrightarrow{k \to \infty} x^*$，从而

$$\lim\limits_{k \to \infty} \frac{x_{k+1} - x^*}{(x_k - x^*)^p} = \frac{\varphi^{(p)}(x^*)}{p!}.$$

例 7 求方程 $x = e^{-x}$ 在 $x_0 = 0.5$ 附近的一个根，要求精度满足 $|x_{k+1} - x_k| < 10^{-5}$。

解 易知在区间 $[0.5, 0.6]$ 内 $\varphi'(x)$ 满足 $|(e^{-x})'| \approx 0.6 < 1$，因此迭代公式 $x_{k+1} = e^{-x_k}$ 对于初值 $x_0 = 0.5$ 是收敛的。计算结果见下表 6-2。

表 6-2 计算结果

k	x_k	k	x_k	k	x_k	k	x_k
0	0.5	5	0.5711721	10	0.5669072	15	0.5671571
1	0.6065306	6	0.5648629	11	0.5672772	16	0.5671354
2	0.5452392	7	0.5684380	12	0.5670673	17	0.5671477
3	0.5797031	8	0.5664094	13	0.5671863	18	0.5671407
4	0.5600646	9	0.5675596	14	0.5671188		

§6.3 Newton 迭代法

6.3.1 Newton 迭代法的基本思想

定义 6.7 设当前点为 x_k，将函数 $f(x)$ 在点 x_k 处 Taylor 展开并截取线性部分，可得 $f(x) \approx f(x_k) + f'(x_k)(x - x_k)$，由 $f(x) = 0$，令上式右端为 0，解得

$$x_{k+1} = x_k - \frac{f(x_k)}{f'(x_k)}, \quad k = 0, 1, 2, \cdots, \tag{6.3}$$

(6.3) 称为 **Newton 迭代公式**. 在几何意义下 Newton 迭代公式就是曲线在点 $(x_k, f(x_k))$ 处的切线 $y = f(x_k) + f'(x_k)(x - x_k)$ 与 x 轴交点的横坐标，故 Newton 法也称为**切线法**，Newton 法的迭代函数为 $\varphi(x) = x - \frac{f(x)}{f'(x)}$.

Newton 迭代公式算法设计如下：

Step 1：输入初始点 x_0，最大迭代次数 N，精度 ε，$k = 0$.

Step 2：建立迭代格式 $x_{k+1} = x_k - \frac{f(x_k)}{f'(x_k)}$，$k = 0, 1, 2, \cdots$.

Step 3：若 $|x_{k+1} - x_k| < \varepsilon$，则迭代停止.

Step 4：若 $k = N$，则迭代停止；否则 $k = k + 1$ 转 Step 2.

例 8 构造计算 $\sqrt[3]{c}$ 的 Newton 迭代公式，并用此式计算 $\sqrt[3]{412}$，精确到 10^{-8}.

解 令 $x = \sqrt[3]{c}$，等价于 $x^3 - c = 0$ 的根，取 $f(x) = x^3 - c$，则 $f'(x) = 3x^2$，建立迭代格式为

$$x_{k+1} = x_k - \frac{f(x_k)}{f'(x_k)} = x_k - \frac{x_k^3 - c}{3x_k^2} = \frac{1}{3}\left(2x_k + \frac{c}{x_k^2}\right).$$

$c = 412$，由于 $f(7) < 0, f(8) > 0$，故 $x^* \in (7, 8)$，取 $x_0 = 7$，则计算结果为

$x_1 = 7.469387755$，$x_2 = 7.441126470$，$x_3 = 7.441018862$，$x_4 = 7.441018861$.

例 9 研究求 $\sqrt{a}$ 的 Newton 迭代公式 $x_{k+1} = \frac{1}{2}\left(x_k + \frac{a}{x_k}\right)$，$x_0 > 0$，证明对一切 $k = 1, 2, \cdots$，有 $x_k \geq \sqrt{a}$ 且序列 $\{x_k\}$ 递减.

证明 设 $f(x) = x^2 - a \, (a > 0)$，$f(x)$ 在 $[0, +\infty)$ 内有唯一根 $x^* = \sqrt{a}$，由 Newton 迭代法得

$$x_0 > 0, \quad x_{k+1} = x_k - \frac{f(x_k)}{f'(x_k)} = x_k - \frac{x_k^2 - a}{2x_k^2} = \frac{1}{2}\left(x_k + \frac{a}{x_k}\right), \quad k = 0, 1, 2, \cdots,$$

故

$$x_k = \frac{1}{2}\left(x_{k-1} + \frac{a}{x_{k-1}}\right) = \frac{1}{2}\left(\sqrt{x_{k-1}} - \sqrt{\frac{a}{x_{k-1}}}\right)^2 + \sqrt{a} \geq \sqrt{a}, \quad k = 0, 1, 2, \cdots,$$

又由于 $\frac{x_{k+1}}{x_k} = \frac{1}{2}\left(1 + \frac{a}{x_k^2}\right) \leq \frac{1}{2}\left(1 + \frac{a}{a}\right) = 1$ ($\forall k \geq 1$)，故 $x_{k+1} \leq x_k$，即 $\{x_k\}$ 递减有下界 $\sqrt{a}$，从而 $\{x_k\}$ 有极限，且极限为 $\sqrt{a}$.

例10 应用 Newton 法于方程 $f(x) = 1 - \frac{a}{x^2} = 0$，导出求 $\sqrt{a}$ 的迭代公式，并计算 $\sqrt{115}$ 的值.

解 由于 $f(x) = 1 - \frac{a}{x^2}$，$f'(x) = \frac{2a}{x^3}$，所以

$$x_{k+1} = x_k - \frac{1 - \frac{a}{x_k^2}}{\frac{2a}{x_k^3}} = \frac{1}{2}x_k\left(3 - \frac{x_k^2}{a}\right),$$

$a = 115$，取 $x_0 = 9$，则计算结果为

$x_1 = 10.33043478$， $x_2 = 10.70242553$， $x_3 = 10.7237414$，
$x_4 = 10.72380529$， $x_5 = 10.72380529$.

6.3.2 Newton 迭代法的收敛速度

定理 6.4 设 x^* 为方程 $f(x) = 0$ 的根，若 $f'(x^*) \neq 0$，且 $f''(x)$ 在 x^* 的邻域内连续，则 Newton 迭代法至少具有二阶局部收敛性.

证明 由于迭代函数 $\varphi(x) = x - \frac{f(x)}{f'(x)}$，可知 $\varphi'(x) = \frac{f(x)f''(x)}{[f'(x)]^2}$，将 $x = x^*$ 代入得 $\varphi'(x^*) = 0$，同理知 $\varphi''(x^*) = \frac{f''(x^*)}{f'(x^*)}$. 若 $f''(x^*) \neq 0$，则 $\lim_{k \to \infty} \frac{x_{k+1} - x^*}{(x_k - x^*)^2} = \frac{\varphi''(x^*)}{2!} = \frac{f''(x^*)}{2f'(x^*)}$.
由定义 6.6 可知，Newton 迭代法至少具有二阶局部收敛性.

§6.4 弦截法和重根的计算

6.4.1 弦截法

定义 6.8 为了避免导数 $f'(x_k)$ 的计算，通常用差商来代替导数，即 $f'(x_k) \approx \frac{f(x_k) - f(x_{k-1})}{x_k - x_{k-1}}$，建立如下迭代格式：

$$x_{k+1} = x_k - \frac{f(x_k)}{f(x_k) - f(x_{k-1})} \cdot (x_k - x_{k-1}), \quad k = 1, 2, \cdots, \tag{6.4}$$

(6.4) 称为**弦截法**，其几何意义为曲线上两点 $(x_{k-1}, f(x_{k-1}))$ 和 $(x_k, f(x_k))$ 的割线与 x 轴

交点的横坐标即为 x_{k+1}. 应用弦截法求根时,需要两个初值 x_0, x_1,且 $\{x_k\}$ 是超线性收敛的,收敛阶为 $p = \frac{1+\sqrt{5}}{2} \approx 0.618$.

例 11 用弦截法解方程 $f(x) = xe^x - 1 = 0$.

解 设 $x_0 = 0.5, x_1 = 0.6$,则弦截法计算结果为 $x_2 = 0.56523, x_3 = 0.56709, x_4 = 0.56714$.

6.4.2 重根情况下改进 Newton 法

计算重根情况时,设 $f(x) = (x-x^*)^m g(x), m \geq 2, g(x^*) \neq 0$,由于 Newton 迭代法为

$$\varphi(x) = x - \frac{f(x)}{f'(x)} = x - \frac{(x-x^*)^m g(x)}{mg(x)(x-x^*)^{m-1} + (x-x^*)^m g'(x)}$$

$$= x - \frac{(x-x^*)g(x)}{mg(x) + (x-x^*)g'(x)},$$

是线性收敛的,若取 $\varphi(x) = x - m\frac{f(x)}{f'(x)}$,则迭代格式 $x_{k+1} = x_k - m\frac{f(x_k)}{f'(x_k)}$ 为平方收敛,但是上述迭代格式需要知道重数 m,实际中往往很困难,令 $u(x) = \frac{f(x)}{f'(x)}$,则有

$$u(x) = \frac{(x-x^*)^m g(x)}{mg(x)(x-x^*)^{m-1} + (x-x^*)^m g'(x)} = \frac{(x-x^*)g(x)}{mg(x) + (x-x^*)g'(x)},$$

由 x^* 是 $u(x) = 0$ 的单根,对方程 $u(x) = 0$ 用 Newton 法,则

$$x_{k+1} = x_k - \frac{u(x_k)}{u'(x_k)} = x_k - \frac{f(x_k)f'(x_k)}{[f'(x_k)]^2 - f(x_k)f''(x_k)}, \quad k = 0, 1, 2, \cdots, \quad (6.5)$$

(6.5) 至少为平方收敛.

例 12 用 Newton 法、割线法和改进的 Newton 法求方程 $f(x) = (x+1)(x-1)^3 = 0$ 的三重根 $x^* = 1$,初值 $x_0 = 0.5 (x_1 = 0.6)$.

解 Newton 法 $x_{29} \approx 1.00000435913405$ 和割线法 $x_{29} \approx 1.0000052595633$ 相当,均为线性收敛,改进的 Newton 法 $x_4 \approx 1.00000000000000$ 达到平方收敛速度,但是需要计算二阶导数.

例 13 用 Newton 法和求重根公式计算 $f(x) = \left(\sin x - \frac{x}{2}\right)^2 = 0$ 的一个近似值,准确到 10^{-5},初值 $x_0 = \frac{\pi}{2}$.

解 (1)利用 Newton 迭代公式 $x_{k+1} = x_k - \frac{f(x_k)}{f'(x_k)}$,由于 $f'(x) = 2\left(\sin x - \frac{x}{2}\right)\left(\cos x - \frac{1}{2}\right)$,故而

$$x_{k+1} = x_k - \frac{\left(\sin x_k - \frac{x_k}{2}\right)^2}{2\left(\sin x_k - \frac{x_k}{2}\right)\left(\cos x_k - \frac{1}{2}\right)} = x_k - \frac{\sin x_k - \frac{x_k}{2}}{2\cos x_k - 1}, \quad k = 0, 1, 2, \cdots,$$

取 $x_0 = \dfrac{\pi}{2}$,求得 $x_{20} = 1.895494$.

(2)利用求重根公式 $x_{k+1} = x_k - m\dfrac{f(x_k)}{f'(x_k)}, m = 2$,则有

$$x_{k+1} = x_k - \dfrac{2\sin x_k - x_k}{2\cos x_k - 1}, \quad k = 0, 1, 2, \cdots,$$

取 $x_0 = \dfrac{\pi}{2}$,求得 $x_4 = 1.895494$.

(3)利用求重根公式 $x_{k+1} = x_k - \dfrac{f(x_k)f'(x_k)}{[f'(x_k)]^2 - f(x_k)f''(x_k)}$,由于

$$f''(x) = 2\left(\cos x - \dfrac{1}{2}\right)^2 - 2\sin x\left(\sin x - \dfrac{\pi}{2}\right),$$

故而建立迭代格式为

$$x_{k+1} = x_k - \dfrac{\left(\sin x_k - \dfrac{x_k}{2}\right)\left(\cos x_k - \dfrac{1}{2}\right)}{\left(\cos x_k - \dfrac{1}{2}\right)^2 + \sin x_k\left(\sin x_k - \dfrac{x_k}{2}\right)},$$

取 $x_0 = \dfrac{\pi}{2}$,求得 $x_4 = 1.895494$.

练 习 题 6

1. 用二分法求解方程 $x^2 - x - 1 = 0$ 的正根,要求误差不超过 2^{-7}.
2. 求方程 $x^3 - x^2 - x - 1 = 0$ 在区间 $[1, 2]$ 上的一个根,指出下列方法的收敛性.
   (1) $x = x^3 - x^2 - 1$;   (2) $x = \sqrt[3]{x^2 + x + 1}$;   (3) $x = 1 + \dfrac{1}{x} + \dfrac{1}{x^2}$.
3. 分别用下列方法求 $f(x) = x^3 - 3x - 1 = 0$ 在 $x_0 = 2$ 附近的根.
   (1) Newton 法;   (2) 割线法,取 $x_1 = 1.9$.

附录 A 实验指导

A.1 引言

 数值逼近是计算数学专业本科生的重要基础课程,它对学生解决实际问题能力的培养具有重要的作用. 结合课程教学内容,配备适当的上机实验题目以便加深课堂教学的实践性,同时通过上机实验可以加强对数学模型的总体分析、算法选取、程序结构、上机调试和数值结果分析等环节的训练,这里给出的上机实验题目是依据教学大纲要求和实验教学大纲的要求制定的上机实验的指导提纲,其形式、涉及的知识点、难易程度和一些要求与实际上机实验完成的题目基本一致,目的是作为上机实验课程的指导书提供给学生便于其事先自学和了解. 实际上机实验时,可以有选择地完成 3~5 个题目,并按要求格式写出上机实验报告提交,作为该课程上机实验部分成绩的主要依据或评定该课程期末总评成绩的一个主要依据.

A.2 Lagrange 插值

 编程要求:编程实现通过三点 $(1,8)$,$(2,1)$ 和 $(4,5)$ 的 Lagrange 插值多项式,并计算该多项式在 3 处的函数值.

```
function Lagrange
clc;
x = [1 2 4]; y = [8 1 5]; x0 = 3;
syms t; n = length(x); f = 0;
for i = 1:n
    s = y(i);
    for j = 1:i - 1
        _____;
    end
    for j = i + 1:n
```

```
                    ——————————————;
        end
        f = f + s;
        simplify(f); f1 = subs(f,'t',x0);
        f = collect(f); f2 = vpa(f,6);
end
f1
f2
```

A.3 Newton 插值

编程要求:编程实现 $x = [1\ 1.2\ 1.8\ 2.5\ 4]$, $y = [1\ 1.44\ 3.24\ 6.25\ 16]$ 的 Newton 插值多项式,并计算该多项式在 2 处的函数值.

```
function Newton
clc;
x = [1 1.2 1.8 2.5 4]; y = [1 1.44 3.24 6.25 16]; x0 = 2;
syms t; n = length(x); c(1:n) = 0;
f = y(1); y1 = 0; s = 1;
for i = 1:n-1
    for j = i+1:n
            ——————————————————;
    end
    c(i) = y1(i+1); s = s*(t-x(i));
    f = f + c(i)*s; simplify(f);
    y = y1;
    f1 = subs(f,'t',x0);
    f = collect(f);
    f2 = vpa(f,6);
end
f1
f2
```

A.4　Newton 等距插值

编程要求:编程实现 $x=1:0.2:1.8, y=[0.8415\ 0.9320\ 0.9854\ 0.9996\ 0.9738]$ 的 Newton 等距插值多项式,并计算该多项式在 1.55 处的函数值.

```
function Newtonequal
clc;
x = 1:0.2:1.8;y = [0.8415 0.9320 0.9854 0.9996 0.9738];
x0 = 1.55;syms t;n = length(x);c(1:n) = 0;
f = y(1);y1 = 0;
for i = 1:n - 1
    for j = 1:n - i
        _____;
    end
    c(i) = y1(1);s = t;
    for k = 1:i - 1
        s = s * (t - k);
    end;
    _____;
    simplify(f);y = y1;
    f1 = subs(f,'t',(x0 - x(1))/(x(2) - x(1)));
    f = collect(f);f2 = vpa(f,6);
end
f1
f2
```

A.5　Runge 现象

编程要求:编程并画图显示函数 $y=\dfrac{1}{1+x^2}$ 在区间 $[-5,5]$ 上的 Runge 现象.

```
% Matlab 中的插值函数为 interp1,其调用格式为
% yi = interp1(x,y,xi,'method')
% 'linear'线性插值; 'spline'三次样条插值;
% 'cubic'立方插值. 缺省时表示线性插值
```

```
function Runge
clc;
xx = -5:0.05:5;y = 1./(1 + xx.^2);
x1 = -5:2:5;y1 = 1./(1 + x1.^2);
x2 = -5:1:5;y2 = 1./(1 + x2.^2);
yy1 = interp1(x1,y1,xx);yy2 = _____;
plot(xx,yy1,'-.');
hold on
plot(xx,yy2,'r-.');
plot(xx,y);
legend('yy','yy2','y')
```

A.6　Newton 向后插值

编程要求:编程实现 $x = 0:3, y = [1\ 2\ 17\ 64]$ 的 Newton 向后插值多项式,并计算该多项式在 2.5 处的函数值.

```
function Newtonequalback
clc;
x = 0:3;y = [1 2 17 64];x0 = 2.5;syms t;
n = length(x);c(1:n) = 0;f = y(n);y1 = 0;
for i = 1:n - 1
    for j = i + 1:n
        _____;
    end
    c(i) = y1(n);s = t;
    for k = 1:i - 1
        s = s * (t + k);
    end;
    _____;
    simplify(f);
    y = y1;
    f1 = subs(f,'t',(x0 - x(n))/(x(2) - x(1)));
    f = collect(f);f2 = vpa(f,6);
end
f1
f2
```

A.7 对数拟合

编程要求:编程实现 $x = [1.00\ 1.25\ 1.50\ 1.75\ 2.00]$,$y = [5.10\ 5.79\ 6.53\ 7.45\ 8.46]$ 的 $y = ae^{bx}$ 多项式拟合,并画出拟合图形.

```
function Niheduishu
clc;
x = [1.00 1.25 1.50 1.75 2.00]; y = [5.10 5.79 6.53 7.45 8.46];
p = log(y); f = _____; b = f(1); a = _____;
yy = a * exp(b * x);
n = 100; h = 1/n; n1 = n + 1;
for i = 1:n1
    xx(i) = (i - 1) * h + 1; yy(i) = _____;
end
plot(x, y, 'r +', xx, yy, 'g.')
xlabel('x'); ylabel('y');
gtext('y = a * exp(bx)');
```

A.8 复化积分公式

编程要求:编程实现用复化梯形公式和复化 Simpson 公式计算积分 $I = \int_0^1 \dfrac{4}{1+x^2} dx$ 的值.

```
function Fuhuatixing
clc; a = 0; b = 1; n = 8; h = (b - a)/n;
f = inline('4./(1 + x.^2)'); s = 0;
for k = 1:n - 1
    x = a + k * h;
    s = _____;
end
h/2 * (feval(f, a) + feval(f, b) + 2 * s)

function Fuhuasimpson
clc; a = 0; b = 1; n = 4; h = (b - a)/n;
```

```
f = inline('4./(1 + x.^2)');
s1 = 0;s2 = 0;
for k = 1:n - 1
    x = a + k * h;s1 = s1 + feval(f,x);
end
for k = 0:n - 1
    x = a + (k + 1/2) * h;s2 = _____;
end
s = _____
```

A.9 逐步搜索法

编程要求：编程实现用逐步搜索法求方程 $f(x) = x^3 + x^2 - 3x - 3 = 0$ 的隔根区间.

```
function Zhubusousuo
clc;a = - 3;b = 3;h = 0.6;n = (b - a)/h;
f = inline('x^3 + x^2 - 3 * x - 3');
x1 = zeros(1,n);x2 = zeros(1,n);
a1 = a;b1 = a1 + h;k = 1;
while (b1 < b)
    if _____
        x1(k) = a1;
        x2(k) = b1;
    else
        a1 = b1;b1 = a1 + h;continue;
    end
    a1 = b1;b1 = a1 + h;k = k + 1;
end
for i = 1:k
    if x1(i) - x2(i) ~ = 0
        [x1(i),x2(i)]
    end
end
```

A.10 二　分　法

编程要求:编程实现用二分法求方程 $f(x)=xe^x-1=0$ 的根.

```
function Erfenfa
clc;
a=0;b=1;eps=1.0e-6;
fun=inline('x*exp(x)-1');
x=(a+b)/2;k=0;
while abs(feval(fun,x))>eps | b-a>eps
    if _____
        b=x;
    else
        a=x;
    end
    x=(a+b)/2;k=k+1;
end
k
x
```

A.11　不动点迭代

编程要求:编程实现用不动点迭代求方程 $f(x)=x^3-x-1=0$ 的根.

```
function Budongdian
clc;
x0=1.5;
f=inline('(x+1)^(1/3)');
k=0;
N=500;
eps=1.0e-5;
while k<N
    x=feval(f,x0);
    if _____
        break;
```

```
        end
        x0 = x;
        k = k + 1;
end
x
k
```

A.12 割 线 法

编程要求:编程实现用割线法求方程 $f(x) = xe^x - 1 = 0$ 的根.

```
function Gexianfa
clc;
x0 = 0.4; x1 = 0.6; eps = 1.0e - 5; M = 10000;
fun = inline('x * exp(x) - 1');
k = 0;
while k < M
    x = x1 - (x1 - x0) * feval(fun, x1)/(feval(fun, x1) - feval(fun, x0));
    if _____
        break;
    end
    x0 = x1; x1 = x; k = k + 1;
end
k
x
```

数值实验练习题

1. 已知函数 $y = f(x)$ 的如下函数值:

x_i	0.1	0.5	1.3	1.6
y_i	1.2	1.9	2.7	3.3

构造 Lagrange 插值多项式,并估计 $f(0.68)$ 和 $f(1.56)$ 的近似值.

2. 已知如下数据:

x_i	0.0	0.2	0.4	0.6	0.8	1.0	1.2
y_i	0.9	1.9	2.8	3.3	4.0	5.7	6.5

(1)利用最小二乘法拟合曲线 $y = ax + b$;

(2)求二次多项式拟合曲线,并与(1)的结果相比较.

3. 求形如 $y = ae^{bx}$ 的经验公式,使它能和下列数据相拟合.

x_i	1	2	3	4	5	6	7	8
y_i	15.3	20.5	27.4	36.6	49.1	65.6	87.8	117.6

4. 用复化 Simpson 求积公式求下列积分,要求绝对误差限为 $\varepsilon = \frac{1}{2} \times 10^{-7}$.

(1) $\int_{-1}^{1} (1 + x^2)^{-1} dx$;　　(2) $\int_{0}^{4} x^2 e^{-x} dx$;　　(3) $\int_{0}^{\pi} \sin(2x) e^{-x} dx$.

5. 用 Newton 迭代法求下列近似值:

(1) $\sqrt{91}$ 的近似值($x_0 = 10$,精确到小数点后 10 位);

(2) $\sqrt[3]{-7}$ 的近似值($x_0 = -2$,精确到小数点后 10 位).

6. 试确定一个含实根的区间,在该区间内取一个初始值 x_0,用二分法和 Newton 迭代法求方程 $f(x) = x^3 + x^2 - 3x - 3 = 0$ 在 1.5 附近的实根,要求误差精度为 10^{-6},并给出迭代次数.

7. 为了开拓市场,某公司对其新产品做了一系列调查,他们发现这一新产品的销量与下列事件关系密切:其一是温度,其二是上证指数,其三是广告费……为此,他们记录了下面的数据,假设这些事件与销售量近似成线性关系,试给出这种关系的数学表达式.

记录	温度	上证指数	广告费	推销员数	返修率	销售量
1	39	567	10000	2	0.20	75
2	37	679	0	3	0.15	68
3	30	346	5000	3	0.10	105
4	25	987	5000	3	0.08	136
5	25	1101	0	4	0.07	152
6	10	1004	5000	5	0.07	191
7	15	667	0	4	0.05	148
8	6	604	10000	6	0.04	234

附录 B Matlab 算法初步

B.1 Matlab 简介

Matlab 名字是由 Matrix 和 Laboratory 两个词的前三个字母组合而成的，它是 MathWorks 公司于 1982 年推出的一套高性能的数值计算和可视化数学软件，由于使用编程运算与人进行科学计算的思路和表达方式完全一致，所以不像学习其他高级语言如 Basic、Fortran 和 C 等那样难于掌握。用 Matlab 编写程序犹如在演算纸上排列出公式与求解问题，所以又被称为演算纸式科学算法语言。在这个环境下，对所要求解的问题，用户只需简单地列出数学表达式，其结果便以数值或图形方式显示出来。

Matlab 的含义是矩阵实验室，主要用于方便矩阵的存取，其基本元素是无须定义维数的矩阵。Matlab 进行数值计算的基本单位是复数数组（或称阵列），这使得 Matlab 高度向量化。经过十几年的完善和扩充，Matlab 现已发展成为计算数学课程数值模拟的标准工具。由于它不需定义数组的维数，并给出矩阵函数、特殊矩阵专门的库函数，故而在求解诸如信号处理、建模、系统识别、控制、优化等领域的问题时，显得大为简捷、高效、方便，这是其他高级语言所不能比拟的，因此 Matlab 成为涉及数值分析的各类工程师不可不用的工具。

Matlab 的启动与其他 Windows 程序一样，点击"开始"→"程序"，选择 Matlab 启动程序，屏幕上显示 Matlab 默认界面，可以看到，屏幕被划分成三个部分，分别是当前目录（Current Directory）、历史命令窗口（Command History）、命令窗口（Command Window）。

B.2 Matlab 基本用法

从 Windows 中双击 Matlab 图标，会出现 Matlab 命令窗口（Command Window），在一段提示信息后，出现系统提示符" >> "。Matlab 是一个交互系统，可以在提示符后键入各种命令，通过上下箭头可以调出以前打入的命令，用滚动条可以查看以前的命令及其输出信息。

下面先从输入简单的矩阵开始掌握 Matlab 的功能。

(1) 输入简单的矩阵.

输入一个小矩阵的最简单方法是用直接排列的形式,矩阵用方括号括起,元素之间用空格或逗号分隔,矩阵行与行之间用分号分开. 例如,输入:

A = [1 2 3; 4 5 6; 7 8 0]

结果:

A =

    1 2 3

    4 5 6

    7 8 0

(2) 矩阵元素.

Matlab 的矩阵元素可以是任何数值表达式,如:

x = [-1.3 sqrt(3) (1+2+3)*4/5]

结果:

x =

  -1.3000 1.7321 4.8000

在括号中加注下标,可取出单独的矩阵元素. 如:

x(5) = abs(x(1))

结果:

x =

  -1.3000 1.7321 4.8000 0 1.3000

结果中自动产生了向量的第 5 个元素,中间未定义的元素自动初始为零. 大的矩阵可把小的矩阵作为其元素来完成,如:

A = [A; [10 11 12]]

结果:

A =

    1 2 3

    4 5 6

    7 8 0

    10 11 12

小矩阵可用":"从大矩阵中抽取出来,如:A = A(1:3, :),即从 A 中取前三行和所有的列,重新组成原来的 A.

(3) 语句和变量.

Matlab 的表述语句、变量的类型说明由 Matlab 系统解释和判断,Matlab 语句通常形式如下:

变量 = 表达式

或者使用其简单形式:

表达式

表达式由操作符或其他特殊字符、函数和变量名组成. 如果变量名和"="省略,那么

具有 ans 名的变量将自动建立,例如:

键入 1900/81

结果:

ans =

    23.4568

需注意的问题有以下几点:

①语句结束键入回车键,若语句的最后一个字符是分号,即";",则表明不输出当前命令的结果.

②如果表达式很长,一行放不下,可以键入"…",然后回车.

③变量和函数名由字母加数字组成,但最多不能超过 63 个字符.

④变量字母区分大小写,如 A 和 a 不是同一个变量,函数名一般使用小写字母,如 inv(A)不能写成 INV(A),否则系统会认为是未定义函数.

另外,Matlab 中还有一些预定义变量,见表 B – 1.

表 B – 1　Matlab 预定义的变量

ans	预设的计算结果的变量名
eps	Matlab 定义的正的极小值为 2.2204e – 16
pi	内建的 π 值
inf	∞值,无限大
NaN	无法定义一个数目
i 或 j	虚数单位
nargin	函数输入参数个数
nargout	函数输出参数个数
realmax	最大的正实数
realmin	最小的正实数
flops	浮点运算次数

(4)数和算术表达式.

Matlab 中数的表示方法和一般的编程语言没有区别.如:

3　　　　　　 – 99　　　　　　0.0001

9.63972　　　1.6021E – 20　　6.02252e23

数学运算符有:

    +   加

    –   减

    *   乘

    /   右除

    \   左除

^ 幂

(5)复数与矩阵.

在 Matlab 中输入复数首先应该建立复数单位：

i = sqrt(-1)及 j = sqrt(-1)

之后复数可由下列语句给出：

Z = 3 + 4i

注意：在 4 与 i 之间不要留有任何空间.

(6)输出格式.

任何 Matlab 语句执行结果都可在屏幕上显示,同时赋给指定的变量,没有指定变量时赋给 ans. 数字显示格式可由 format 命令来控制,format 仅影响矩阵的显示,不影响矩阵的计算与存贮,如果矩阵元素是整数那么矩阵显示就没有小数,如 x = [-1 0 1],结果为

x =

    -1   0   1

常用的数字显示格式见表 B-2.

表 B-2 Matlab 数字输出格式

指令	含义与举例
format	默认格式,小数点后 4 位有效数字,最多不超过 7 位,例如 3.1416
format short	大于 1000 的实数,用 5 位科学计数法形式显示,例如 3141.59 被显示为 3.1416e +003
format long	15 位数字表示,例如 3.14159265358979
format short e	5 位科学计数法,例如 3.1416e +000
format long e	15 位科学计数法,例如 3.14159265358979e +000
format short g	format short 和 format short e 自动选择最佳方式
format long g	format long 和 format long e 自动选择最佳方式

例如, x = [4/3   1.2345e -6]在不同的输出格式下的结果为

短格式：   1.3333   0.0000

短格式 e 方式：   1.3333e +000   1.2345e -006

长格式：   1.33333333333333   0.00000123450000

长格式 e 方式：   1.33333333333333e +000   1.23450000000000e -006

有理数格式：   4/3   1/810045

(7)常用的数学函数.

①三角函数和双曲函数：

名称	含义	名称	含义	名称	含义
sin	正弦	csc	余割	atanh	反双曲正切

续表

名称	含义	名称	含义	名称	含义
cos	余弦	asec	反正割	acoth	反双曲余切
tan	正切	acsc	反余割	sech	双曲正割
cot	余切	sinh	双曲正弦	csch	双曲余割
asin	反正弦	cosh	双曲余弦	asech	反双曲正割
acos	反余弦	tanh	双曲正切	acsch	反双曲余割
atan	反正切	coth	双曲余切	sec	正割
acot	反余切	asinh	反双曲正弦	acosh	反双曲余弦

② 指数函数:

名称	含义	名称	含义	名称	含义
exp	e 为底的指数	log10	10 为底的对数	pow2	2 的幂
log	自然对数	log2	2 为底的对数	sqrt	平方根

③ 复数函数:

名称	含义	名称	含义	名称	含义
abs	绝对值	conj	复数共轭	real	复数实部
angle	相角	imag	复数虚部		

④ 圆整函数和求余函数:

名称	含义	名称	含义
ceil	向 $+\infty$ 圆整	rem	求余数
fix	向 0 圆整	round	向靠近整数圆整
floor	向 $-\infty$ 圆整	sign	符号函数
mod	模除求余		

⑤ 矩阵变换函数:

名称	含义	名称	含义
fiplr	矩阵左右翻转	diag	产生或提取对角阵
fipud	矩阵上下翻转	tril	产生下三角
fipdim	矩阵特定维翻转	triu	产生上三角
Rot90	矩阵反时针 90° 翻转		

⑥其他函数：

名称	含义	名称	含义
min	最小值	max	最大值
mean	平均值	median	中位数
std	标准差	diff	相邻元素的差
sort	排序	length	个数
norm	欧氏(Euclidean)长度	sum	总和
prod	总乘积	dot	内积
cumsum	累计元素总和	cumprod	累计元素总乘积
cross	外积		

B.3 矩阵基本操作

Matlab 能处理数、向量和矩阵. 一个数事实上是一个 1×1 的矩阵，1 个 n 维向量也不过是一 $1\times n$ 或 $n\times 1$ 的矩阵. 从这个角度上来讲，Matlab 处理的所有的数据都是矩阵，Matlab 的矩阵处理能力是非常灵活、强大的. 以下将从矩阵的产生、基本运算、矩阵函数等几个方面来说明.

(1) 向量的产生.

除了直接列出向量元素(即所谓的**穷举法**)外，最常用的用来产生相同增量的向量的方法是利用":"算符(即所谓的**描述法**)，在 Matlab 中它是一个很重要的字符，如：

z = 1:5

z =

1 2 3 4 5

即产生一个 1~5 的步长是 1 的行向量，此为默认情况.

用":"号也可以产生步长不等于 1 的行向量，语法是把增量放在起始量和结尾量的中间，如：

x = 0:pi/4:pi

即产生一个 0~pi 的行向量，单位增量是 pi/4 = 3.1416/4 = 0.7854.

x =

0   0.7854   1.5708   2.3562   3.1416

也可以产生步长为负数的行向量，如：

y = 6: -1:1

y =

6　5　4　3　2　1

（2）矩阵输入.

矩阵是两维数字数组,要在 Matlab 中创建矩阵,输入的行各元素之间用空格或逗号分隔,行末使用分号标记. 例如,考虑下列例子:

$$A = \begin{pmatrix} -1 & 6 \\ 7 & 11 \end{pmatrix}$$

这个矩阵在 Matlab 中使用下面的语法输入:

>> A = [-1,6;7,11]

Matlab 提供了一批产生矩阵的函数:

函数	含义	函数	含义
zeros	产生一个零矩阵	diag	产生一个对角矩阵
ones	生成全1矩阵	tril	取一个矩阵的下三角
eye	生成单位矩阵	triu	取一个矩阵的上三角
magic	生成魔术方阵	pascal	生成 PASCAL 矩阵

例如:

ones(3)

ans =

　　1　1　1
　　1　1　1
　　1　1　1

eye(3)

ans =

　　1　0　0
　　0　1　0
　　0　0　1

除了以上产生标准矩阵的函数外,Matlab 还提供了产生随机(向量)矩阵的函数 rand 和 randn,及产生均匀级数的函数 linspace,产生对数级数的函数 logspace 和产生网格的函数 meshgrid 等.

（3）矩阵数量相乘.

例如:

>> A = [-2 2;4 1];

>> C = 2 * A

C =

　　-4　　4
　　 8　　2

如果两个矩阵行数和列数都相等,那么它们可以进行相加减.

(4) 矩阵的转置.

转置操作交换矩阵的行和列,在 Matlab 中,用单引号(′)代表转置操作.例如,使用与转置向量相同的操作符转置矩阵:

>> A = [- 1 2 0; 6 4 1]

A =

  - 1 2 0

  6 4 1

>> B = A′

B =

  - 1 6

  2 4

  0 1

(5) 矩阵数组乘法.

可以进行数组乘法,注意这不是矩阵乘法,使用符号".*",称为**点乘**.

例如:

>> A = [1 2 3; - 1 6]; B = [4 2; 9 1];

>> C = A.* B

C =

  48 6

  - 9 6

(6) 矩阵相乘.

考虑两个矩阵 **A** 和 **B**,如果 **A** 是一个 $m \times p$ 矩阵,而 **B** 是 $p \times n$ 矩阵,那么它们可以相乘产生 $m \times n$ 矩阵,要在 Matlab 中这样做,只需把点号去掉简单地写成 A∗B 即可.

例如:

>> A = [2 1; 1 2]; B = [3 4; 5 6];

>> A.* B

ans =

  6 4

  5 12

现在把"."号去掉,进行结果不同的矩阵相乘:

>> A ∗ B

ans =

  11 14

  13 16

(7) 特殊类型矩阵.

单元矩阵是一个对角线为非零元素而其他元素为零的方形矩阵,要创建 $n \times n$ 的单元矩阵,输入下面的 Matlab 命令:

eye(n)

创建 4×4 单元矩阵:
>> eye(4)
ans =

  1 0 0 0
  0 1 0 0
  0 0 1 0
  0 0 0 1

要创建 $n \times n$ 的零矩阵,输入 zeros(n),还可以输入 zeros(m,n)创建 $m \times n$ 的矩阵. 当然也完全可以创建整个元素都为 1 的矩阵,只需输入 ones(n)或 ones(m,n)即可分别创建 $n \times n$ 和 $m \times n$ 的矩阵.

(8) 引用矩阵元素.

在 Matlab 中,矩阵的单个元素或整列都能够被引用. 考虑下面的矩阵:
>> A = [1 2 3;4 5 6;7 8 9]
A =

  1 2 3
  4 5 6
  7 8 9

可以用 A(m,n)选出第 m 行 n 列的元素,例如:
>> A(2,3)
ans =

  6

要引用第 i 列的所有元素,输入 A(:, i). 例如,要选出第二列的所有元素:
>> A(:, 2)
ans =

  2
  5
  8

要选出从第 i 列到第 j 列之间的所有元素,输入 A(:, i:j). 下面的例子返回第二和第三列的元素:
>> A(:,2:3)
ans =

  2 3
  5 6
  8 9

也可以选出小块或子矩阵,仍然用刚才的矩阵,选出第二到第三行同时处于第一和第二列的元素,写成:
>> A(2:3, 1:2)
ans =

  4 5

  7 8

也可以使用这些引用改变矩阵的值.例如,把第一行第一列元素的值改为 -8:

  >> A(1, 1) = -8

A =

  -8 2 3

  4 5 6

  7 8 9

要在 Matlab 中创建空数组,只需在方括号[ ]里留空即可,它可以用来删除矩阵的行或列.例如,删除 **A** 的第二行:

  >> A(2, :) = [ ]

A =

  -8 2 3

  7 8 9

本操作把前面的 3×3 矩阵变成了 2×3 矩阵,当然也可以通过引用矩阵中的行或列来创建新的矩阵.在本例中,复制 **A** 矩阵的第一行四次来创建一个新矩阵:

  >> E = A([1,1,1,1], :)

E =

  -8 2 3

  -8 2 3

  -8 2 3

  -8 2 3

下面这个例子引用两次 **A** 的第一行创建新矩阵:

  >> F = A([1,2,1], :)

F =

  -8 2 3

  7 8 9

  -8 2 3

(9)方矩阵的行列式计算.

要在 Matlab 中计算矩阵 **A** 的行列式,简单地写成 det(A)即可,下面是 2×2 矩阵的行列式:

  >> A = [1 3; 4 5];

  >> det(A)

ans =

  -7

(10) 线性系统求解.

考虑线性方程组 $\begin{cases} 5x + 2y - 9z = -18, \\ -9x - 2y + 2z = -7, \\ 6x + 7y + 3z = 29, \end{cases}$ 求系数矩阵 A 的行列式. 在本例中是 $A = \begin{pmatrix} 5 & 2 & -9 \\ -9 & -2 & 2 \\ 6 & 7 & 3 \end{pmatrix}$,它的行列式是:

```
>> A = [5 2 -9; -9 -2 2; 6 7 3]
A =
     5     2    -9
    -9    -2     2
     6     7     3
>> det(A)
ans =
   437
```

如果行列式不为零,那么解存在,解是列向量 $X = \begin{pmatrix} x \\ y \\ z \end{pmatrix}$,Matlab 允许使用左除,可容易地得到解. 创建由系统(方程)右边组成的向量,得到:

```
>> b = [-18; -7; 29];
>> A \ b
ans =
    1.0000
    2.0000
    3.0000
```

(11) 求矩阵的秩.

矩阵的秩是矩阵行或列的数值线性独立的度量,用下面的方式计算秩:

```
>> A = [0 1 0 2; 0 2 0 4];
>> rank(A)
ans =
     1
```

考虑系统 $\begin{cases} x - 2y + z = 12, \\ 3x + 4y + 5z = 20, \\ -2x + y + 7z = 11, \end{cases}$ 系统的增广矩阵是 $(A\ b) = \begin{pmatrix} 1 & -2 & 1 & 12 \\ 3 & 4 & 5 & 20 \\ -2 & 1 & 7 & 11 \end{pmatrix}$,在 Matlab 中输入这些矩阵:

```
>> A = [1 -2 1; 3 4 5; -2 1 7]; b = [12; 20; 11];
```

可以使用级联创建增广矩阵:

```
>> C = [A b]
```

C =

1	−2	1	12
3	4	5	20
−2	1	7	11

现在检查一下 A 的秩:

>> rank(A)

ans =

    3

增广矩阵的秩为

>> rank(C)

ans =

    3

由于秩相同,因此解存在. 这里有三个未知量,注意到秩 r 满足 $r = n$,这意味着解唯一,用左除求得解:

>> x = A \ b

x =

    4.3958

  −2.2292

    3.1458

(12) 求逆矩阵.

在 Matlab 中输入下面的命令即可计算矩阵 **A** 的逆矩阵:inv(A). 逆矩阵并不总是存在,事实上可以用矩阵的行列式确定逆矩阵是否存在,如果 det(A) = 0,那么逆矩阵不存在,此矩阵是一个奇异矩阵. 以一个 2×2 矩阵为例:

>> A = [2 3;4 5];

A =

    2   3

    4   5

>> det(A)

ans =

    −2

>> inv(A)

ans =

  −2.5000   1.5000

    2.0000 −1.0000

B.4 Matlab 绘图

绘图是数学应用程序在计算机上最有用的一种应用,Matlab 当然也不例外,本节将介绍在 Matlab 中完成这些任务的命令和技术.

1. 2D 绘图基础

在 Matlab 中绘图包含下面三个步骤:定义函数,指定要绘制的函数图形的值范围,调用 Matlab 中的 plot(x,y)函数.

当指定函数的值范围时,必须告诉 Matlab 函数使用的变量的增量,使用较少的增量可以使图形显示得更加平滑,如果增量较小,Matlab 会计算更多的函数值,不过通常不需要取得那么小,用一个简单的例子来看看如何做.

绘制 $0 \leq x \leq 10$ 时的 $y = \cos x$ 的图形,绘制之前,要定义这个区间并告诉 Matlab 所使用的增量,区间使用方括号[ ]以下面的形式定义:[start:interval:end].

例如,如果要告诉 Matlab 在 $0 \leq x \leq 10$ 上以 0.1 的步长递增,就输入[0:0.1:10].

用赋值运算符给这个范围内的变量一个名称,也用这种办法告知 Matlab 相关变量和要绘制的函数.

因此,要绘制 $y = \cos x$,输入下面的命令:

\>> x = [0:0.1:10];
\>> y = cos(x);
\>> plot(x,y)

输入绘图命令后敲回车键 Enter,Matlab 会新开启一个标题为"Figure 1"的新窗口,窗口中含有所绘制的图形. 本例中得到图 B.1.

2. 为图像添加坐标轴

绘制一个坐标轴有标签的图像,可以通过 xlabel 和 ylabel 函数做到,这些函数可以带一个用单引号引起来的参数,该参数就是坐标轴的标签,把 xlabel 和 ylabel 函数用逗号分开与 plot 命令放在同一行. 例如,下面的命令产生的图像如图 B.2 所示:

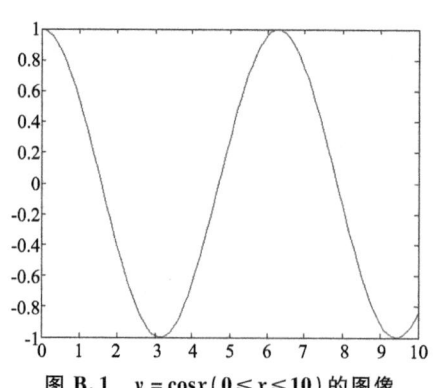

图 B.1 $y = \cos x (0 \leq x \leq 10)$ 的图像

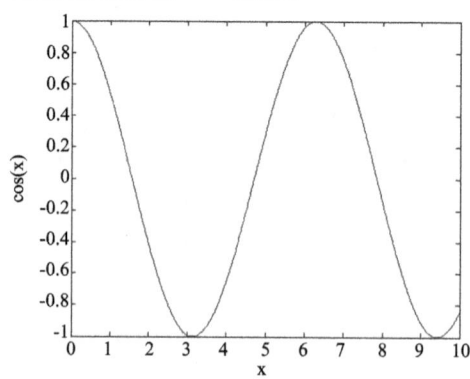

图 B.2 为坐标轴添加标签后的图像

```
>> x = [0:0.01:10];
>> y = cos(x);
>> plot(x,y), xlabel('x'), ylabel('cos(x)')
```

下表 B-3 为画图时常用的命令.

表 B-3 常用图像修饰命令

命令	说明
title	为图像添加标签和标题
grid on	给图像添加网格
axis square	产生正方形图像
axis equal	产生一个两坐标轴比例和间距都相同的图像
axis auto	自动选择
axis([xmin xmax ymin ymax])	设置绘图范围
hold on	同一个图形上再绘制另一个函数的图像
text(x,y,'str')	在坐标(x,y)处显示字符串 str
grid on	显示格线
subplot(m,n,p)	画出数个小图形于同一个视窗之中
Loglog	x 轴和 y 轴均为对数刻度的绘图函数
semilogx	x 轴为对数刻度,y 轴为线性刻度的绘图函数
semilogy	x 轴为线性刻度,y 轴为对数刻度的绘图函数

若要画出多条曲线,只需将坐标对依次放入 plot 函数即可:

plot(x, sin(x), x, cos(x));

若要改变颜色,在坐标对后面加上相关字串即可:

plot(x, sin(x), 'c', x, cos(x), 'g');

若要同时改变颜色及图线型态(Line style),也是在坐标对后面加上相关字串即可:

plot(x, sin(x), 'co', x, cos(x), 'g*');

另外,Matlab 在图像中可以使用四种基本线条风格,具体为:实线'-',点线':',点划线

表 B-4 线型和颜色控制符

线型		点标记		颜色	
-	实线	.	点	y	黄
:	点线	o	小圆圈	m	棕色
-.	点划线	x	叉子符	c	青色
--	虚线	+	加号	r	红色
		*	星号	g	绿色
		s	方格	b	蓝色
		d	菱形	w	白色

续表

线型		点标记		颜色	
		^	朝上三角	k	黑色
		v	朝下三角		
		>	朝右三角		
		<	朝左三角		
		p	五角星		
		h	六角星		

'-.',虚线'--'.参数中颜色和线型如表 B-4 所示.

3. 在同一图像中显示多个函数

在很多情况下需要在同一个图像中绘制多条曲线,在 Matlab 中要这样做也是相当容易的. 例如,把 $0 \leqslant t \leqslant 5$ 范围内两个函数 $f(t) = e^{-t}$ 和 $g(t) = e^{-2t}$ 绘制在同一个图像中,把 $g(t)$ 函数用虚线绘出以便区分这两条曲线. 首先定义间隔:

>>t = [0:0.01:5];
>>f = exp(-t);
>>g = exp(-2*t);

要绘制多个函数,只需调用 plot(x,y) 函数,后面跟着用单引号引起来用来表示所要绘制的第二条曲线风格的字符串,在这个例子中有:

>>plot(t,f,t,g,'--')

要绘制 $f(t)$ 和 $g(t)$ 函数,并且第二个函数曲线使用虚线,结果如图 B.3 所示.

4. 子图

子图即是在一个图上显示多于一个图像,绘制子图使用命令 subplot(m,n,p),这里 m 和 n 告诉 Matlab 产生的子图有 m 行和 n 列,p 用来告诉 Matlab 所要贴上去的某个已经绘制的图形窗口,其调用格式如下:

subplot(m,n,p)

subplot 函数把一个图形窗口分割成 m×n 个子区域,用户可以通过参数 p 调用各个子绘图区域进行操作,子绘图区域为按行从左至右编号. 例如,如下程序:

x = 0:0.1*pi:2*pi;
subplot(2,2,1)
plot(x,sin(x),'-*');
title('sin(x)');
subplot(2,2,2)

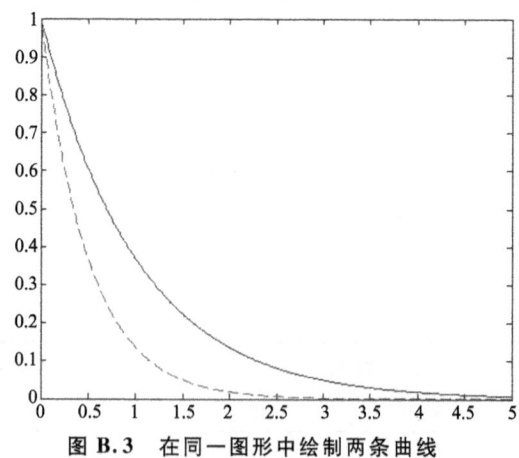

图 B.3 在同一图形中绘制两条曲线

```
plot(x,cos(x),'--o');
title('cos(x)');
subplot(2,2,3)
plot(x,sin(2*x),'-.*');
title('sin(2x)');
subplot(2,2,4);
plot(x,cos(3*x),':d')
title('cos(3x)')
```

得到图形如图 B.4 所示.

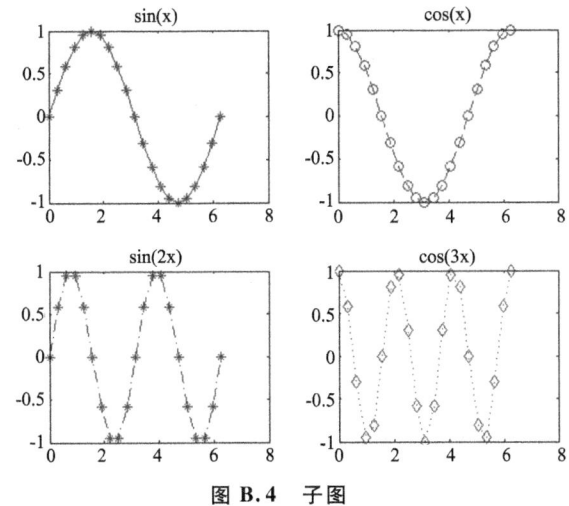

图 B.4　子图

5. 极坐标图像

Matlab 可以绘制半径 r 和角度 θ 之间的图像. 作为第一个例子,绘制一条螺线,称为阿基米德螺线,它由下面的简单关系构成:

$$r = a\theta,$$

其中 a 是一个常数. 绘制 $a=2$ 和 $0 \leqslant \theta \leqslant 2\pi$ 的极坐标图像. 第一个语句,定义常数:

>> A = 2;

接着定义函数 $r(\theta)$,这需要两步完成,第一步把 θ 与前面例子中的独立变量 x 一样看待,所以要定义它的名称、区间和所要使用的增量,第二步再定义 r:

>> theta = [0:pi/90:2*pi];

>> r = a*theta;

这些语句告诉 Matlab theta 定义在 0 和 2π 之间,并选择增量为 $\pi/90$. 产生极坐标图像的命令为

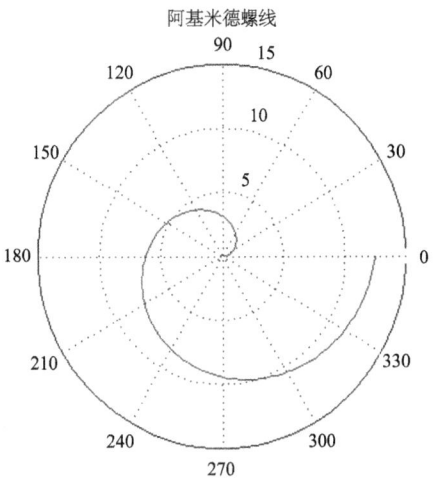

图 B.5　极坐标系中的阿基米德螺线图像

polar(theta,r)

现在调用它,同时给它添加一个标题:

>> polar(theta,r),title('阿基米德螺线')

运行结果如图 B.5 所示.

6. 三维图像

(1) mesh(Z) 语句.

mesh(Z) 语句可以给出矩阵 Z 元素的三维消隐图,网络表面由 Z 坐标点定义,与前面叙述的 $x-y$ 平面的线格相同,图形由邻近的点连接而成,它可用来显示用其他方式难以输出的包含大量数据的大型矩阵,也可用来绘制 Z 变量函数.

显示两变量的函数 $Z = f(x,y)$,第一步需产生特定的行和列的 $x-y$ 矩阵,然后计算函数在各网格点上的值,最后用 mesh 函数输出.

下面绘制函数 $\sin r/r$ 的图形,建立图形用以下方法:

x = -8:.5:8;

y = x';

x = ones(size(y)) * x;

y = y * ones(size(x))';

R = sqrt(x.^2 + y.^2) + eps;

z = sin(R)./R;

mesh(z)

各语句的意义是,首先建立行向量 x,列向量 y,然后按向量的长度建立 1-矩阵,用向量乘以产生的 1-矩阵,生成网格矩阵,它们的值对应于 $x-y$ 坐标平面,接下来计算各网格点的半径,最后计算函数值矩阵 z,用 mesh 函数即可得到图形,如图 B.6 所示.

第一条语句 x 的赋值为定义域,在其上估计函数,第三条语句建立一个重复行的 x 矩阵,第四条语句产生 y 的相应矩阵,第五条语句产生矩阵 R(其元素为各网格点到原点的距离),用 mesh 方法结果如上.

另外,上述命令系列中的前 4 行可用以下一条命令替代:

[x,y] = meshgrid(-8:0.5:8)

(2) meshc(Z) 语句.

[x,y] = meshgrid([-4:.5:4]);

z = sqrt(x.^2 + y.^2);

meshc(z)

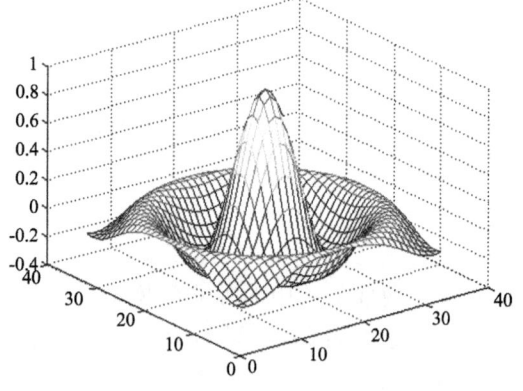

图 B.6　三维消隐图

可以得到图 B.7,地面上的圆圈就是上面图形的等高线.

(3) meshz(Z) 语句.

[x,y] = meshgrid([-4:.5:4]);

z = sqrt(x.^2 + y.^2);

meshz(z)

得到图 B.8, 不同的是该函数在 mesh 函数的作用之上增加了屏蔽作用, 即增加了边界面屏蔽.

(4) sphere 函数.

[x,y,z] = sphere(n)

此函数生成三个 $(n+1) \times (n+1)$ 阶的矩阵, 再利用函数 surf(x,y,z) 可生成单位球面.

[x,y,z] = sphere   % 此形式使用了默认值 $n = 20$.

sphere(n)   % 只绘制球面图, 不返回值.

运行下面程序:

sphere(30);

axis square;

得到球体图 B.9, 若只输入 sphere 画图, 则是默认了 $n = 20$ 的情况.

(5) surf 函数.

surf(x,y,z,c)

输入参数的设置与 mesh 相同, 不同的是 mesh 函数绘制的是一网格图, 而 surf 绘制的是着色的三维表面. Matlab 语言对表面进行着色的方法是, 在得到相应网格后, 对每一网格依据该网格所代表的节点的色值(由变量 c 控制), 来定义这一网格的颜色. 若不输入 c, 则默认为 $c = z$.

看下面的例子, 绘制地球表面的气温分布示意图. 程序如下:

[a,b,c] = sphere(40);

t = abs(c);   % 求绝对值

surf(a,b,c,t);

axis equal

colormap('hot')

可以得到图 B.10 所示的等温线示意图.

7. 图形的控制与修饰

①坐标轴的控制函数 axis, 调用格式如下:

axis([xmin,xmax,ymin,ymax,zmin,zmax])

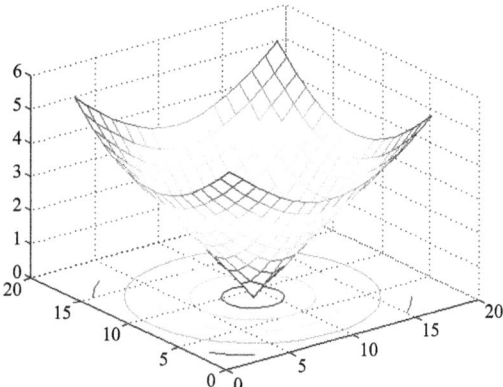

图 B.7   meshc 图

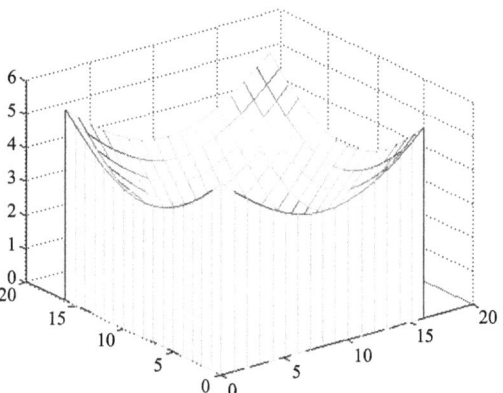

图 B.8   meshz 图

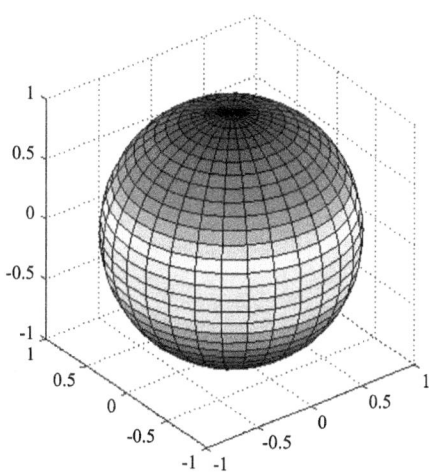

图 B.9   球面图

用此命令可以控制坐标轴的范围,与 axis 相关的几条常用命令还有:

axis auto　自动模式,使得图形的坐标范围满足图中一切图元素

axis equal　严格控制各坐标的分度使其相等

axis square　使绘图区为正方形

axis on　恢复对坐标轴的一切设置

axis off　取消对坐标轴的一切设置

axis manual　以当前的坐标限制图形的绘制

②grid on 是在图形中绘制坐标网格. grid off 是取消坐标网格.

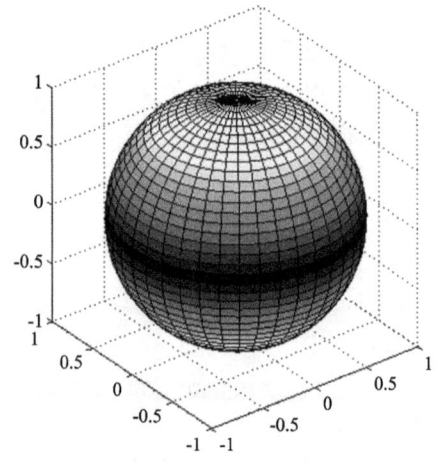

图 B.10　等温线示意图

③xlabel,ylabel,zlabel 分别为 x 轴,y 轴,z 轴添加标注. title 为图形添加标题.

以上函数的调用格式大同小异,以 xlabel 为例进行介绍:

xlabel('标注文本','属性1','属性值1','属性2','属性值2',…)

这里的属性是标注文本的属性,包括字体大小、字体名、字体粗细等. 例如:

[x,y] = meshgrid(-4:.2:4);

R = sqrt(x.^2 + y.^2);

z = -cos(R);

mesh(x,y,z)

xlabel('x\in[-4,4]','fontweight','bold');

ylabel('y\in[-4,4]','fontweight','bold');

zlabel('z = -cos[sqrt(x^2 + y^2)]','fontweight','bold');

title ('旋转曲面', 'fontsize', 15, 'fontweight', 'bold', 'fontname', '隶书');

运行结果如图 B.11 所示.

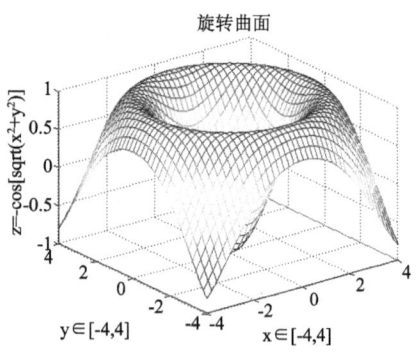

图 B.11　添加标注

B.5　流程控制

计算机编程语言和可编程计算器提供许多功能,它允许你根据决策结构控制命令执行流程,控制流极其重要,因为它使过去的计算影响将来的运算. Matlab 提供三种决策或控制流结构,它们是 for 循环、while 循环和 if - else - end 结构,由于这些结构经常包含大量的 Matlab 命令,故经常出现在 M 文件中,而不是直接在 Matlab 提示符下.

(1) for 循环.

for 循环允许一组命令以固定的和预定的次数重复. for 循环的一般形式如下:

```
for x = array
    {commands}
end
```

在 for 和 end 语句之间的{commands}按数组中的每一列执行一次,在每一次迭代中,x 被指定为数组的下一列,即在第 n 次循环中,x = array(:,n)。例如:

```
for n = 1:10
    x(n) = sin(n*pi/10);
end
x
x =
```

  Columns 1 through 7
  0.3090 0.5878 0.8090 0.9511 1.0000 0.9511 0.8090
  Columns 8 through 10
  0.5878 0.3090 0.0000

换句话,第一语句是说,n 等于 1 到 10,求所有语句的值,直至下一个 end 语句,第一次通过 for 循环 $n=1$,第二次 $n=2$,如此继续,直至 $n=10$,在 $n=10$ 以后,for 循环结束,然后求 end 语句后面的任何命令值,在这种情况下显示所计算的 x 的元素.

(2) while 循环.

与 for 循环以固定次数求一组命令的值相反,while 循环以不定的次数求一组语句的值. while 循环的一般形式如下:

```
while expression
    {commands}
end
```

只要在表达式里的所有元素为真,就执行 while 和 end 语句之间的{commands}. 通常,表达式的求值给出一个标量值,但数组值也同样有效. 在数组情况下,所得到数组的所有元素必须都为真. 考虑下列例子:

```
num = 0; EPS = 1;
while (1 + EPS) > 1
    EPS = EPS/2;
    num = num + 1;
end
num
num =
    53
EPS = 2 * EPS
EPS =
    2.2204e − 016
```

这个例子表明了计算特殊 Matlab 值 EPS 的一种方法,它是一个可加到 1,而使结果以有限精度大于1的最小数值. 这里用大写 EPS,因此 Matlab 的 EPS 的值不会被覆盖掉. 在这个例子里,EPS 以1开始,只要 1 + EPS > 1 为真(非零),就一直求 while 循环内的命令值. 由于 EPS 不断地被2除,EPS 逐渐变小以致 EPS + 1 不大于1.

(3) if – else – end 结构.

很多情况下,命令的序列必须根据关系的检验有条件地执行,在编程语言里,这种逻辑由某种 if – else – end 结构来提供,最简单的 if – else – end 结构是

if expression

  {commands}

end

如果在表达式中的所有元素为真(非零),那么就执行 if 和 end 语句之间的 {commands},在表达式包含有几个逻辑子表达式时,即使前一个子表达式决定了表达式的最后逻辑状态,也仍要计算所有的子表达式. 例如:

apples = 10;   % number of apples

cost = apples * 25 % cost of apples

cost =

  250

if apples > 5   % give 20% discount for larger purchases

  cost = (1 – 20/100) * cost;

end

cost

cost =

  200

假如有两个选择,if – else – end 结构是

if expression

  commands evaluated if True

else

  commands evaluated if False

end

在这里,若表达式为真,则执行第一组命令;若表达式为假,则执行第二组命令. 当有三个或更多的选择时,if – else – end 结构采用如下形式:

if expression1

  commands evaluated if expression1 is True

elseif expression2

  commands evaluated if expression2 is True

elseif expression3

  commands evaluated if expression3 is True

elseif expression4

  commands evaluated if expression4 is True

```
elseif ……
    ……
else
    commands evaluated if no other expression is True
end
```

最后的这种形式,只和所碰到的与第一个真值表达式相关的命令被执行,接下来的关系表达式不检验,跳过其余的 if-else-end 结构,而且,最后的 else 命令可有可无. 现在知道了如何用 if-else-end 结构来决策,就有可能提出一种合理的方法来跳出或中断 for 循环和 while 循环.

```
EPS = 1;
for num = 1:1000
    EPS = EPS/2;
    if (1 + EPS) <= 1
        EPS = EPS * 2
        break
    end
end
EPS =
    2.2204e-016
num
num =
    53
```

这个例子演示了估算 EPS 的另一种方法,在这种情况下,for 循环构造要执行足够多的次数,if-else-end 结构检验 EPS 是否变得足够小,如果是,EPS 乘 2,break 命令强迫 for 循环提早结束,num = 53.

在这个例子中,当执行 break 语句时,Matlab 跳到循环外下一个语句,在现在的情况下,它返回到 Matlab 的提示符并显示 EPS. 如果一个 break 语句出现在一个嵌套的 for 循环或 while 循环结构里,那么 Matlab 只跳出 break 所在的那个循环,不跳出整个嵌套结构.

参 考 文 献

[1] 李庆扬,王能超,易大义. 数值分析. 5 版. 北京:清华大学出版社,2008.

[2] 蒋尔雄,赵风光,苏仰锋. 数值逼近. 2 版. 上海:复旦大学出版社,2008.

[3] 王仁宏. 数值逼近. 2 版. 北京:高等教育出版社,2012.

[4] 郑慧娆,陈绍林,莫忠息,等. 数值计算方法. 武汉:武汉大学出版社,2002.

[5] 关治,陆金甫. 数值方法. 北京:清华大学出版社,2006.

[6] 李换琴,朱旭. MATLAB 软件与基础数学实验. 2 版. 西安:西安交通大学出版社,2015.